关于新安全格局的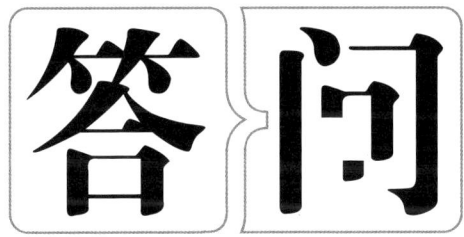

中共中央党校(国家行政学院)应急管理培训中心(中欧应急管理学院)

张伟 王华 等 | 著

图书在版编目（CIP）数据

关于新安全格局的答问 / 张伟等著 . — 北京：国家行政学院出版社，2023.3

ISBN 978-7-5150-2727-2

Ⅰ.①关… Ⅱ.①张… Ⅲ.①国家安全—中国—问题解答②社会稳定—中国—问题解答 Ⅳ.① D631-44 ② D61-44

中国版本图书馆 CIP 数据核字（2022）第 216187 号

书　　名	关于新安全格局的答问 GUANYU XINANQUAN GEJU DE DAWEN
作　　者	张　伟　王　华　等著
统筹策划	陈　科
责任编辑	刘韫劼
出版发行	国家行政学院出版社 （北京市海淀区长春桥路 6 号　100089）
综 合 办	（010）68928887
发 行 部	（010）68928866
经　　销	新华书店
印　　刷	北京盛通印刷股份有限公司
版　　次	2023 年 3 月北京第 1 版
印　　次	2023 年 3 月北京第 1 次印刷
开　　本	155 毫米 ×230 毫米　16 开
印　　张	11.75
字　　数	102 千字
定　　价	36.00 元

本书如有印装问题，可联系调换，联系电话：（010）68929022

我们要坚持以人民安全为宗旨、以政治安全为根本、以经济安全为基础、以军事科技文化社会安全为保障、以促进国际安全为依托，统筹外部安全和内部安全、国土安全和国民安全、传统安全和非传统安全、自身安全和共同安全，统筹维护和塑造国家安全，夯实国家安全和社会稳定基层基础，完善参与全球安全治理机制，建设更高水平的平安中国，以新安全格局保障新发展格局。

——习近平在中国共产党第二十次全国代表大会上的报告（2022年10月16日）

出版说明

党的十八大以来，中国特色社会主义进入新时代，开启新征程。诚如马克思所指出的，"问题就是时代的口号，是它表现自己精神状态的最实际的呼声"，新时代就要解决新问题。

为回应新时代背景下广大党员、干部、群众特别关心、迫切需要解答的现实问题，我社特推出"新时代之问"系列答问读物，邀请相关领域权威专家学者，针对党的十八大以来我国在经济、政治、文化、社会、生态等领域重大问题进行专题解答。"新时代之问"系列秉承解决真问题、真解决问题的初衷，力求其提出的问题和分析解答有助于

新时代之问

广大党员、干部深刻领会把握习近平新时代中国特色社会主义思想的精神实质、核心要义、丰富内涵和实践要求,把学习成果转化为推动工作的强大动力和生动实践。为实现社会主义现代化强国目标和中华民族伟大复兴凝心聚力!

前　言

新安全格局是中央就国家安全最新作出的重大部署。2021年11月18日，中共中央政治局会议审议通过了《国家安全战略（2021—2025年）》，提出新形势下维护国家安全，必须加快构建新安全格局，新安全格局首次进入公众视野。时隔不到一年，2022年10月16日，党的二十大召开，中央对国家安全的重视达到了新的高度，大会报告专章对国家安全进行全面部署，提出"以新安全格局保障新发展格局"，使得新安全格局再次引发广泛关注。

同时，新安全格局的提出带来了一系列理论和实践上的问题，迫切需要解答。进入新时代以来的十年，我国国家安全工作取得了飞跃式的发展，提出了总体国家安全观，制定了国家安全战略，实施了新国家安全法，国家安全体系不断完善，维护国家安全的能力不断增强。新安全格局作为相对新近提出的重要表述，在认识上必然有个由浅入深的过程。对如何落实加速构建新安全格局、以新安全格局保障新发展格局的重大部署，以及新安全格局的具体内涵，仍然有待进一步地深入阐释。新安全格局与国家安全范畴既有表述之间的关系仍需厘清。本书大致分为两个部分，尝试从大家可能关注的多个视角对新安全格局进行解读。

第一部分，主要就新安全格局的基本内涵和中国特色进行阐释，这是构建新安全格局的"经"。包括为什么要加速构建新安全格局，新安全格局新在哪里、主要维度有哪些、与新发展格局的关系是什么，以及如何以新安全格局保障新发展格局，为什么新安全格局以人民安全为宗旨、把政治安全置于首要位置、以经济安全水平为基础、以促进国际安全为依托。

第二部分，主要围绕国家安全体系和能力现代化来进行解读，这是新安全格局基本维度中的"纬"。比如，如何筑牢国家安全人民防线，如何确保领导体制的权威高效，如何处理好开放与安全的关系，为什么要严密防范系统性风险，如何提高公共安全治理水平，如何健全完善国家安全法治体系，如何完善国家应急管理体系、重要专项协调指挥体系、风险监测预警体系、生物安全监管预警防控体系、社会治理体系、网络综合治理体系等。

本书是集体智慧的结晶，作者为中央党校（国家行政学院）应急管理培训中心（中欧应急管理学院）的中青年教研骨干。其中，张伟主笔撰写了第一、二、三、四、五、十三个答问，王华主笔撰写了第八、十二、十六、十七、二十一、二十二个答问，梁玉柱主笔撰写了第六、七、九、十一、十五个答问，王双燕主笔撰写了第十、十四、十八、十九、二十个答问。囿于我们的研究水平，文中难免有错漏不足之处，文责自负，请各位专家同仁批评指正。

张伟
2023 年 2 月

目　录

001 / **第一个问题**
为何要加速构建新安全格局？

007 / **第二个问题**
新安全格局"新"在哪里？

018 / **第三个问题**
构建新安全格局的主要维度有哪些？

022 / **第四个问题**
新安全格局与新发展格局的关系是什么？

028 / **第五个问题**
如何以新安全格局保障新发展格局？

039 / **第六个问题**
新安全格局的宗旨是什么？

046 / **第七个问题**
为何要把政治安全置于新安全格局的首要位置？

057 / **第八个问题**
如何提升经济安全水平夯实国家安全基础？

065 / **第九个问题**
如何以科技安全保障新安全格局？

074 / **第十个问题**
如何理解以促进国际安全为依托？

081 / **第十一个问题**
如何筑牢国家安全人民防线？

089 / **第十二个问题**
如何确保新安全格局中领导体制的权威高效？

095 / **第十三个问题**
新安全格局如何处理好开放与安全的关系？

100 / **第十四个问题**
为什么要严密防范系统性风险？

109 / **第十五个问题**

如何认识和完善国家安全法治体系？

120 / **第十六个问题**

如何提高公共安全治理水平？

129 / **第十七个问题**

如何完善国家应急管理体系？

136 / **第十八个问题**

如何完善重要专项协调指挥体系？

145 / **第十九个问题**

如何完善新安全格局中的风险监测预警体系？

152 / **第二十个问题**

如何健全生物安全监管预警防控体系？

159 / **第二十一个问题**

如何完善社会治理体系？

166 / **第二十二个问题**

如何健全网络综合治理体系？

第一个问题

为何要加速构建新安全格局？

党的二十大报告首次专章就国家安全问题进行全面部署，并提出"以新安全格局保障新发展格局"。在此之前，2021年11月中共中央政治局会议审议通过《国家安全战略（2021—2025年）》，首次提出新形势下维护国家安全，必须加快构建新安全格局。要理解加快构建新发展格局、并以新安全格局保障新发展格局，需要对我国构建安全格局的历史形势、任务和进程加深认识。

新中国成立之后，国家安全格局较为单一。其首要任务是保卫新生的人民民主政权，维护国家独立、主权和领土完整。在此国家安全格局下，我们战胜了帝国主义、霸权主义的侵略、破坏和武装挑衅，胜利进行了保卫边疆的斗争，独立研制了"两弹一星"，恢复了我国在联合国的一切合法权利，提出了和平共处五项原则、"三个世界"

划分等战略思想。

改革开放以后,国家安全面临新的任务和形势,定位发生了重大转变。党面临的主要任务是,继续探索中国建设社会主义的正确道路,解放和发展社会生产力,使人民摆脱贫困、尽快富裕起来,为实现中华民族伟大复兴提供充满新的活力的体制保证和快速发展的物质条件。处理好改革发展稳定关系是改革开放和社会主义现代化建设新时期的一条基本线索,党的十二大至十七大,根据国际国内形势发展变化,从我国发展新要求出发,一以贯之对改革发展稳定重大事项作出全面部署,并召开多次中央全会专题研究。相应地,国家安全属于处理好改革发展稳定关系中的一项基础性工作,其首要任务是为改革开放和社会主义现代化建设创造良好安全环境。同时,国际形势风云变幻,国内改革中出现的矛盾和问题长期积累,我国改革发展稳定全局面临一系列风险考验。我们先后作出和平与发展是当今时代主题、我国发展处于重要战略机遇期的重大判断,坚持和平发展道路,提出互信互利协作的国际新安全观;强调政治稳定压倒一切的作用,坚持四项基本原则,排除各种干扰,有力应对国际局势剧变、平定国内政治风波、维护边疆稳定,化解各类公共安全危机,获得了经济高速发展和社会长期稳定的奇迹。这一时期的国家安全格局仍以传统安全为主，总体上呈现组织分散化、反应效率低的局面，缺乏体系化的理论、战略、制度和能力等支撑，塑造国家安全不够主动。

中国特色社会主义进入新时代，开始主动、全面构建国家安全格局。党和国家确立了实现中华民族伟大复兴的宏伟目标，同时面临世界百年未有之大变局。与以往相比，我国面临更为严峻的国家安全形势，一系列长期积累及新出现的突出矛盾和问题亟待解决，外部压力前所未有，传统安全威胁和非传统安全威胁相互交织，超预期事件时有发生。同形势任务要求相比，我国维护国家安全制度不完善、应对各种重大风险能力不强，国家安全受到严峻挑战。由此，新时代国家安全格局不仅要维护国家安全，还要主动塑造国家安全，其首要任务是通过加快构建新的安全格局，防范化解中华民族伟大复兴进程中的重大风险挑战。经过努力，党的十八大后我国国家安全格局迅速成型。比如，2013年，党的十八届三中全会作出成立国家安全委员会的决定；2014年，中央国家安全委员会正式成立，提出了总体国家安全观，在体制上确立了党对国家安全的集中统一、高效权威的领导；2015年，颁布实施了新版《中华人民共和国国家安全法》（以下简称《国家安全法》），并规划了首份国家安全战略；2016年，出台《中共中央关于加强国家安全工作的意见》；2018年，出台《党委（党组）国家安全责任制规定》。过去十年，我们把安全发展贯穿国家发展各领域全过程，经受住了来自政治、经济、意识形态、自然界等方面的风险挑战考验，为党和国家兴旺发达、长治久安提供了有力保障。

随着中国特色社会主义建设迈入新时代新征程，国家安全格局再次进入加快构建阶段。2021年11月8日—11日，党的十九届六中全会召开，审议通过《中共中央关于党的百年奋斗重大成就和历史经验的决议》，专节就新时代以来维护国家安全成就和经验进行了总结。决议宣告在完成第一个百年奋斗目标的基础上，中国特色社会主义进入新时代新征程，踏上了实现第二个百年奋斗目标的新的赶考之路，必须继续考出好成绩，展现新气象新作为。相应地，在党的十九届六中全会刚刚闭幕之际，2021年11月18日，中共中央政治局会议审议通过了我国第二份国家安全战略规划《国家安全战略（2021—2025年）》，首次提出新形势下维护国家安全，必须加快构建新安全格局。短短不到一年的时间，2022年10月16日党的二十大召开，将国家安全问题提升到前所未有的高度，提出以新安全格局保障新发展格局。

从以上对新安全格局形成历程的梳理来看，我国之所以要加速构建新安全格局，恰恰体现在这个"新"字上。随着国家安全形势、任务的不断变化，以及实践经验和理论认识的不断深化，新时代国家安全格局本身是动态的、发展的，必须不断进行阶段性调整和完善。首先，进入新时代至今所全面构建的国家安全格局，相对于之前新中国成立后和改革开放时期的国家安全格局，是"新"的安全格局。其理论的创造性、体系的完整性、能力的充分性、布局的主动性等，都需要有巨大的飞跃。其次，迈入新时代新征程的新安全格局也是一个不断构建、完善的过程。进入新时代新征程，第二份国家安全战略和党的二十大所要加快构建的安全格局，相对于新时代头十年，尤其党的十八大后不久就初步构建形成的国家安全格局，是"新"的安全格局。完整的新安全格局之"新"，应该是上述两个层面新安全格局的叠加，并具有显著的继承性和连续性。

当前，尤其要深刻认识加速构建新安全格局所面临的历史形势和任务。党的二十大在全面建设社会主义现代化强国历程中是一个重要节点，确立并全面部署了中国式现代化道路，需要构建相应的新安全格局进行保驾护航。世界百年未有之大变局加速演进，新一轮科技革命和产业变革深入发展，国际力量对比深刻调整，我国发展面临新的战略机遇。同时，世纪疫情影响深远，逆全球化思潮抬头，单边主义、保护主义明显上升，世界经济复苏乏力，局部冲突和动荡频发，全球性问题加剧，世界进入新的动荡变革期。我国改革发展稳定面临不少深层次矛盾躲不开、绕不过，来自外部的打压遏制随时可能升级。我国发展进入战略机遇和风险挑战并存、不确定难预料因素增多的时期，各种"黑天鹅""灰犀牛"事件随时可能发生。我们必须增强忧患意识，坚持底线思维，做到居安思危、未雨绸缪，准备经受风高浪急甚至惊涛骇浪的重大考验。2021年，中央政治局会议首次提出新安全格局的表述是"加快构建"，表明新安全格局在战略规划上已经成型。党的二十大报告专章部署国家安全，以及将国家安全贯穿全文各个部分，以更权威的形式、更高的站位、更清晰的框架思路对国家安全格局进行全面部署。

第二个问题

新安全格局"新"在哪里？

新安全格局的提出与构建并非一蹴而就。我国现代化进程进入新时代新征程，国家安全格局面临着新形势新任务，必须在继承我国维护国家安全的实践经验和理论成果的基础上不断进行调适和创新。新安全格局之"新"主要体现在国家安全的定位进一步提升，我们对国家安全形势有了新判断、新部署，国家安全思想理论不断深化，为加速构建新安全格局提供了动力和支撑。

一、安全格局新定位

2013年，党的十八届三中全会决定设立国家安全委员会，是安全格局全面构建的开端。习近平总书记在《关于〈中共中央关于全面深化改革若干重大问题的决定〉的说明》中提出，"国家安全和社会稳定是改革发展的前提"，只有国家安全和社会稳定，改革发展才能不断推进。这一定位，延续了改革开放和社会主义现代化建设新时期对国家安全的定位，即国家安全是处理好改革发展稳定关系的基础性工作之一。2014年，习近平总书记在中央国家安全委员会第一次会议上的讲话中强调，我们党要巩固执政地位，要团结带领人民坚持和发展中国特色社会主义，保证国家安全是"头等大事"。2015年1月23日，中央政治局召开会议审议通过我国首份《国家安全战略纲要》，会议强调国家安全是"安邦定国的重要基石"。2020年中央政治局就国家安全进行第26次集体学习，习近平总书记强调国家安全工作是党"治国理政"一项十分重要的工作，也是保障"国泰民安"一项十分重要的工作。2022年党的二十大报告，首次将国家安全工作定位为"民族复兴的根基"，对国家安全的重视达到新的高度。另外，国家安全在历次党代会报告中的篇幅不断增加，地位不断突出。党的十八大报告将国家安全归为社会管理，用一句话来概括国家安全问题；党的十九大报告将国家安全单独作为一节进行部署、阐释，但仍将国家安全问题归于社会治理部分；党的二十大报告则首次将国家安全单独作为一个部分，专章进行全面部署。同时，党的二十大报告把社会稳定定位为国家强盛的前提，社会稳定与国家安全并重。与十年前相比，新安全格局当前面临的历史任务更加明确。新时代新征程，中心任务是全面建成社会主义现代化强国、实现第二个百年奋斗目标，以中国式现代化全面推进中华民族伟大复兴。相应地，新安全格局的首要任务就是全面加强国家安全体系和能力，为中国式现代化保驾护航。

二、安全格局新判断

从外部环境看，时代主题正在发生重大变化。自从20世纪80年代初邓小平同志提出"和平和发展是当代世界的两大问题"，党的十三大以来的历次党代会都将和平和发展是时代主题的重大判断写入大会报告，几乎贯穿整个社会主义现代化建设新时期，成为国家安全工作的基本遵循。中国特色社会主义进入新时代，面对日益复杂、充满风险的国家安全外部环境，党的十八大报告、十九大报告坚持了和平与发展"仍然"是时代主题的判断。即使在党的二十大即将召开之前，我们总体上仍然坚持这一判断。党的二十大报告首次没继续明确写入这一判断，认为当前世界百年未有之大变局"加速"演进，世纪疫情影响深远，逆全球化思潮抬头，单边主义、保护主义明显上升，世界经济复苏乏力，局部冲突和动荡频发，全球性问题加剧，世界进入新的"动荡变革期"；世界之变、时代之变、历史之变正以前所未有的方式展开，人类社会面临前所未有的挑战，世界又一次站在历史的十字路口。另外，党的十九大报告对外交领域的总体表述是"坚持和平发展道路，推动构建人类命运共同体"，而党的二十大报告对外交领域的总体表述是"促进世界和平与发展，推动构建人类命运共同体"。由"坚持"到"促进"，意味着我们对外部安全形势判断的调整。同时，我们自身发展面临的风险也在发生变化。十年前，我国维护国家安全的制度还不完善，应对各种重大风险挑战的能力还不够强，国家安全受到严峻挑战，改革发展稳定面临不少深层次矛盾，躲不过、绕不开。当前，国家安全体系不断完善、能力不断提升，同时国家安全领域仍然存在一些不足，在新发展中面临不少新困难和新问题。比如，推进高质量发展还有许多卡点瓶颈，确保科技、粮食、能源、产业链供应链可靠安全和防范金融风险还须解决许多重大问题，意识形态领域存在不少挑战，必须准备经受风高浪急甚至惊涛骇浪的重大考验。中华民族现在比历史上任何时期都更接近于伟大复兴的目标，同时必须清醒认识到，我们越发展壮大，遇到的阻力和压力就越大，遇到的外部风险就越多，这是绕不过的门槛。什么时候都不要想象可以敲锣打鼓、顺顺当当地实现我们的奋斗目标。我们要开创中华民族伟大复兴新局面，就必须冷静审视深刻复杂变化的国际形势，全面把握艰巨繁重的改革发展稳定任务，牢牢树立总体国家安全观，加快构建新安全格局。

三、安全格局新部署

我国国家安全战略部署，是一个从无到有、从有到优的过程。2015年，中央政治局审议通过我国首份《国家安全战略纲要》。制定和实施《国家安全战略纲要》，是有效维护国家安全的迫切需要，是完善中国特色社会主义制度、推进国家治理体系和治理能力现代化的必然要求。时隔7年，2021年中央政治局会议审议通过第二份《国家安全战略（2021—2025年）》。即使从公开报道也可以看出，相对于首份战略，这份国家安全战略的部署更加全面、立体。而且，战略有了明确时间限定，这意味着未来规划国家安全战略更加制度化、规范化。

党的二十大报告从更高层面对新安全格局进行了最新的全面部署。在理论支撑上，强调必须坚定不移贯彻总体国家安全观。在安全领域上，强调把维护国家安全贯穿党和国家工作各方面全过程。在领导体制上，坚持党中央对国家安全工作的集中统一领导，完善高效权威的国家安全领导体制。在工作机制上，注重协同高效，强化国家安全工作协调机制，完善风险监测预警体系、国家应急管理体系、重要专项协调指挥体系，健全反制裁、反干涉、反"长臂管辖"机制。在制度建设上，注重法治思维，完善国家安全法治体系、战略体系、政策体系。在安全保障上，完善重点领域安全保障体系，强化经济、重大基础设施、金融、网络、数据、生物、资源、核、太空、海洋等安全保障体系，完善国家安全力量布局，构建全域联动、立体高效的国家安全防护体系，注重科技赋能，注重基层基础。在安全领域上，把政治安全放在首要位置，统筹做好政治安全、经济安全、社会安全、科技安全、新型领域安全等重点领域、重点地区、重点方向的国家安全工作。在公共安全上，坚持安全第一、预防为主，建立大安全大应急框架，完善公共安全体系，推动公共安全治理模式向事前预防转型。在社会安全上，健全共建共治共享的社会治理制度，把矛盾纠纷化解在基层和萌芽状态，推进市域社会治理现代化，强化社会治安整体防控。在风险防范上，提高防范化解重大风险能力，严密防范系统性安全风险。在队伍建设上，以政治建设为统领，打造坚强的国家安全干部队伍，提高各级领导干部统筹发展和安全的能力，自觉推进发展和安全深度融合。在全民安全上，加强国家安全意识教育，增强全民国家安全意识和素养，筑牢国家安全人民防线。引人注目的是，以往通常把社会治理纳入民生与社会建设范畴，党的二十大报告首次将社会治理纳入国家安全范畴。这个重大调整，一方面体现了国家安全范畴的扩展，另一方面体现了对社会稳定的重视，也因应了前文所述的"新定位"。

党的二十大报告不仅专章对新安全格局进行全面部署，还将国家安全贯穿于全篇的其他各个部分。比如，在经济领域，着力提升产业链供应链韧性和安全水平；加强金融监管，守住不发生系统性风险的底线；在关系安全发展的领域加快补齐短板，提升战略性资源供应保障能力；全方位夯实粮食安全根基，全面落实粮食安全党政同责。在民生与社会保障领域，让社会保障体系发挥好人民生活的安全网和社会运行的稳定器作用；健全社保基金保值增值和安全监管体系；提高城市规划、建设、治理水平，加快转变超大特大城市发展方式，实施城市更新行动，加强城市基础设施建设，打造韧性城市。在生态环境领域，严密防控环境风险；加强生物安全管理，防治外来物种侵害；积极安全有序发展核电，加强能源产供储销体系建设，确保能源安全。在港澳台工作领域，落实特别行政区维护国家安全的法律制度和执行机制。在国防军事领域，加强国防和军队建设，提高捍卫国家安全利益战略能力；加强军事力量常态化多样化运用，坚定灵活开展军事斗争，塑造安全态势，遏控危机冲突，打赢局部战争。在外交领域，反对保护主义，反对"筑墙设垒""脱钩断链"，反对单边制裁、极限施压；坚持积极参与全球安全规则制定；提出全球发展倡议、全球安全倡议；坚持共建共享，推动建设一个普遍安全的世界。在干部队伍建设方面，增强干部防范化解风险本领；加强干部斗争精神和斗争本领养成，着力增强防风险、迎挑战、抗打压能力。相应地，"安全"一词在党的十八大报告中出现了25次，而在党的十九大报告中高频率出现55次，在党的二十大报告中则更加密集，达到91次，两次的增加幅度都是飞跃式的。

四、安全格局新思想

总体国家安全观是我国历史上第一个被确立为国家安全工作指导思想的重大战略思想，是新时代国家安全工作的根本遵循和行动指南，为国家安全格局提供了理论支撑。同时，总体国家安全观本身不断完善、深化。比如，2014年总体国家安全观刚正式提出时，强调了"以人民安全为宗旨，以政治安全为根本，以经济安全为基础，以军事、文化、社会安全为保障，以促进国际安全为依托"五个要素。党的二十大报告则把科技安全加入保障要素,并放在靠前的位置,即"以军事科技文化社会安全为保障",凸显了科技创新在国家安全赋能方面的关键作用。总体国家安全观刚提出时,强调了"既重视发展问题又重视安全问题,既重视外部安全又重视内部安全,既重视国土安全又重视国民安全,既重视传统安全又重视非传统安全,既重视自身安全又重视共同安全"这五对关系。《中共中央关于党的百年奋斗重大成就和历史经验的决议》将上述五对关系调整为五个统筹,即"统筹发展和安全,统筹开放和安全,统筹传统安全和非传统安全,统筹自身安全和共同安全,统筹维护国家安全和塑造国家安全"。党的二十大报告则将五个统筹进一步调整为"统筹外部安全和内部安全、国土安全和国民安全、传统安全和非传统安全、自身安全和共同安全,统筹维护和塑造国家安全"。从这种调整可以看出,国家安全对国民安全的重视更加凸显,体现了国泰民安是人民群众最基本、最普遍的愿望,这与坚持以人民安全为宗旨是一致的;国家安全对主动塑造的重视更加凸显,在维护国家安全的同时,需要不断增强塑造国家安全的意识和能力。同时,"统筹发展和安全"没有被列入新的五个统筹,不是因为它不重要了,恰恰相反,而是这一思想的重要性大大提升了。在党的十九大报告中，统筹发展和安全写入了习近平新时代中国特色社会主义思想的基本方略；党的十九届五中全会审议通过的《中共中央关于制定国民经济和社会发展第十四个五年规划和二〇三五年远景目标的建议》（以下简称"十四五"规划《建议》）中，统筹发展和安全成为经济社会发展的指导思想；而在《中共中央关于党的百年奋斗重大成就和历史经验的决议》中，把统筹发展和安全写入了习近平新时代中国特色社会主义思想的核心内容。在党的二十大报告中，"统筹发展和安全"思想的重要性进一步提升并多次体现。比如，在总结过去十年我们对新时代党和国家事业发展作出的战略部署时，强调了统筹发展和安全；在论述全面建设社会主义现代化国家必须牢牢把握的重要原则时，强调了统筹发展和安全；在总体部署国家安全工作时，提出以新安全格局保障新发展格局；在部署增强维护国家安全能力时，强调提高各级领导干部统筹发展和安全能力；在部署建设现代化产业体系时，强调"在关系安全发展的领域加快补齐短板"；等等。

总体国家安全观刚刚提出时，列举的国家安全领域有11项，不仅包括传统安全，还包括非传统安全，体现了总体国家安全观一方面的总体性。随着安全格局不断延伸，所涵盖的国家安全领域也不断扩大，包括政治、军事、国土、经济、金融、文化、社会、科技、网络、粮食、生态、资源、核、海外利益、太空、深海、极地、生物、人工智能、数据安全等诸多领域。习近平总书记在 2020 年中央政治局第 26 次集体学习时的讲话中提出"大安全格局"的新论述。这里的"大"除了指安全领域"多"的意思，更主要的是强调系统思维，把国家安全贯穿到党和国家工作各方面全过程，同经济社会发展一起谋划、一起部署。当然，新安全格局的内涵比大安全格局更加丰富，体现了我国在国家安全理念上的不断创新、深入。

第三个问题
构建新安全格局的主要维度有哪些？

经过新时代十年来的理论探索和经验积累，尤其在迈入新时代新征程后的新定位、新判断、新部署、新思想的支撑下，我国以安全道路、安全体系和安全能力为主要维度的立体交互式新安全格局加速构建，其基本框架逐渐清晰。

一、坚持中国特色国家安全道路

中国特色国家安全道路为国家安全格局提供了基本方向。方向决定前途，方向决定命运。道路错误，我们不仅达不到目标，甚至可能中断中华民族伟大复兴的进程。同时，道路要有自己的特色、符合自己的国情、顺应时代的潮流、得到人民支持，符合统筹发展和安全的基本原则，有利于保障经济发展、社会进步、民生改善、社会稳定等。党的二十大报告对中国特色国家安全道路作出了最新概括，即以人民安全为宗旨、以政治安全为根本、以经济安全为基础、以军事科技文化社会安全为保障、以促进国际安全为依托，统筹外部安全和内部安全、国土安全和国民安全、传统安全和非传统安全、自身安全和共同安全，统筹维护和塑造国家安全，夯实国家安全和社会稳定基层基础，完善参与全球安全治理机制。

二、健全现代国家安全体系

国家安全体系为新安全格局提供了基本支撑。2020年，党的十九届五中全会通过的"十四五"规划《建议》，在首次提出新发展格局的同时，也首次较为全面地对国家安全体系和能力进行专节部署。党的二十大报告则更进一步，首次将国家安全体系和能力分别单独作为一节进行全面部署。坚持党对国家安全工作的领导，是做好国家安全工作的根本原则。要坚持党中央对国家安全工作的集中统一领导，完善高效权威的国家安全领导体制，把党中央关于国家安全工作的决策部署落实到位。要强化国家安全工作协调机制，完善国家安全法治体系、战略体系、政策体系、风险监测预警体系、国家应急管理体系，完善重点领域安全保障体系和重要专项协调指挥体系，强化安全保障体系建设。要完善国家安全力量布局,构建全域联动、立体高效的国家安全防护体系。尤其要在新形势下,主动作为,健全反制裁、反干涉、反"长臂管辖"机制。针对国际敌对势力打压、围堵、遏制、干涉等行为,一方面要积极营造良好外部环境,另一方面要坚持独立自主,在国家核心利益、民族尊严问题上决不退让,坚决维护国家主权、安全、发展利益。树立共同、综合、合作、可持续的全球安全观,在高举全球发展倡议大旗的同时高举全球安全倡议大旗,加强安全领域合作,维护全球战略稳定,携手应对全球性挑战,推动构建人类命运共同体。完善国家安全力量布局,构建全域联动、立体高效的国家安全防护体系,重点是要加快补短板、堵漏洞、强弱项,织密织牢我国的国家安全防护网。

三、不断增强现代化国家安全能力

国家安全能力为新国家安全格局提供了动力和保障。要坚定维护国家政权安全、制度安全、意识形态安全,特别要守好舆论和网络主阵地,严厉打击敌对势力各种形式的渗透、破坏、颠覆、分裂活动,确保党长期执政、国家长治久安。要加强重点领域安全能力建设,在百年变局和世纪疫情交织叠加、国际局势紧张的大背景下,必须增强产业韧性和抗冲击能力，确保重要产业链供应链不被"卡脖子"，筑牢防范系统性金融风险安全底线，确保中国人的饭碗牢牢端在自己手上，确保国家发展能源资源供应稳定可靠，强化科技自立自强作为国家安全和发展的战略支撑作用。要确保国内金融稳定。要加强海外安全保障能力建设，维护我国公民、法人在海外合法权益。提高防范化解重大风险能力，严密防范系统性安全风险。要全面加强国家安全教育，提高各级领导干部统筹发展和安全能力。要强化国家安全知识普及，增强全民国家安全意识和素养，增强全社会维护国家安全的合力，筑牢国家安全人民防线。

第四个问题

新安全格局与新发展格局的关系是什么?

党的二十大报告提出"以新安全格局保障新发展格局"。在上文分析新安全格局之"新"的基础上,厘清新安全格局与新发展格局之间的关系,可以为构建与新发展格局相适应的新安全格局,进而以新安全格局保障新发展格局提供思路。

一、两个格局的对应与不对应

从字面上看,新安全格局与新发展格局具有工整的对应关系。从统筹发展和安全理念看,新安全格局与新发展格局也有显著的对应关系。另外,新发展格局提出在先（2020年）,新安全格局提出在后（2021年）,由此很容易形成这样的认识:因新发展格局而提出新安全格局,并以新发展格局特定需要为依据来具体构建新安全格局。

然而，对新安全格局与新发展格局关系的这种理解属于认识误区。新发展格局是含义明确的特定发展模式，即以国内大循环为主体、国内国际双循环相互促进。而新安全格局属于国家安全总体性安排，是涵盖国家安全各领域、各方面、全过程的综合布局。相应地，保障新发展格局是新安全格局的重要战略性任务之一，但不是全部。而且，2021年中央政治局会议审议通过《国家安全战略（2021—2025年）》时，首次提出并全面规划部署新安全格局，但并未提出以新安全格局保障新发展格局。因此，新安全格局与新发展格局具有密切联系，但并非完全对应，更不是从属关系。

由此，将新安全格局作为新发展格局的一个依附性的特定表述，与中央提出新安全格局的初衷不符，矮化了新安全格局的定位。当然，这与以新安全格局保障新发展格局并不矛盾，与我们探索如何构建与新发展格局相适应的新安全格局也不矛盾。

二、新发展格局本身的安全考量

改革开放以后，党和国家工作中心转移到经济建设上来，发展成为党执政兴国的第一要务，并突出强调正确处理改革发展稳定的关系，在推动我国经济社会快速发展的同时维护了社会大局稳定，创造了经济快速发展和社会长期稳定两大奇迹。同时，我国经济结构长期存在对外依赖程度较高的特点。在似乎不可逆转的全球化浪潮中，我们长期作出和平与发展是时代主题的重大判断，根据我国的相对优势大力发展外向型经济，这是我国和其他一些国家（地区）实现经济腾飞的重要经验和条件。

进入新时代，我国发展站在了新的历史起点上，世界百年未有之大变局加速演进，世界安全格局也发生了重大变化，我国赖以发展的外部环境中不确定难预测因素增多，发展风险大增，对国家安全工作提出了新的更高要求。尤其在新冠疫情全球大流行和国际敌对势力对我国进行无下限遏制打压的冲击下，全球产业链供应链因非经济因素受阻，我国发展的不稳定性不确定性明显增强，威胁到了我国的经济安全。

为了续写我国经济快速发展、社会长期稳定这两大奇迹，党中央审时度势作出重大决策，加快构建以国内大循环为主体、国内国际双循环相互促进的新发展格局，这是一项关系我国发展全局的重大战略任务。党的二十大报告再次着重提出加快构建新发展格局的要求。在我国经济发展"三架马车"投资、消费、出口中减少对出口的依赖，加大消费比重和对国内市场的培养，本身就包含防范化解我国现代化进程中的重大风险、提升经济安全水平的考虑。

三、高水平安全与高质量发展的动态平衡

毋庸置疑，以新安全格局保障新发展格局，是统筹发展和安全思想指引下的具体部署。[①] 一方面，发展和安全可以统筹，因为安全是发展的前提，发展是安全的基础。"要牢牢守住安全发展这条底线。这是构建新发展格局的重要前提和保障，也是畅通国内大循环的题中应有之义。"[②] 新发展格局是对我国经济发展模式的一次根本性的主动建构，是重塑我国国际合作和竞争新优势的战略抉择，历史上、国际上没有经验可循，必然要做好应对一系列未知风险挑战的准备，为新发展格局的顺利构建提供安全保障。这意味着要将安全作为一个重要维度引入经济发展和经济工作视野，添加安全考量，时刻绷紧经济安全是整个国家安全的基础这根弦。反过来，发展是党执政兴国的第一要务，没有坚实的物质技术基础，就不可能全面建成社会主

[①] 参见中共中央宣传部、中央国家安全委员会办公室编《总体国家安全观学习纲要》，学习出版社、人民出版社2022年版。

[②] 习近平：《新发展阶段贯彻新发展理念必然要求构建新发展格局》，《求是》2022年第17期。

义现代化强国。从而，我们的理想目标是实现发展和安全的统筹；更具体些，是实现高水平安全和高质量发展的动态平衡。

另一方面，发展和安全也是一对关系复杂的矛盾体。矛盾双方的形势往往瞬息万变，人类认知的局限性决定了人类并不一定能够及时、准确捕捉到这些变化规律，并作出相应科学决策，得到最优政策结果。实际上，公共决策的影响因素远不止客观规律，决策参与角色远不止专家，决策程序远非规范完整，对最优决策目标的定义也往往千差万别。正因为如此，2019年国务院专门公布实施了《重大行政决策程序暂行条例》，对决策程序诸多环节上进行制度设计，尤其专节对重大决策风险评估进行了规定，以尽力避免重大决策失误。由此，实践中发展与安全的动态不平衡是常态，而非相反。同时，治大国如烹小鲜，中国式现代化道路上风高浪急甚至惊涛骇浪，我们要防止只讲发展、不讲安全，也要防止只讲安全、不讲发展的极端现象。要遵循决策程序、注重信息公开、吸收公众参与、严格法律依据，建立有效的决策评估和调整机制，尽力避免在关系国计民生、长远发展的重大战略部署上发生决策失误，产生打断我国现代化进程的人为重大风险。20世纪90年代初，邓小平同志总结三年治理整顿工作时，肯定了治理整顿的成绩，同时着重阐释了改革发展与稳定的辩证关系："如果不是那几年跳跃一下，整个经济上了一个台阶，后来三年治理整顿不可能顺利进行。看起来我们的发展，总是要在某一个阶段，抓住时机，加速搞几年，发现问题及时加以治理，尔后继续前进。从根本上说，手头东西多了，我们在处理各种矛盾和问题时就立于主动地位。对于我们这样发展中的大国来说，经济要发展得快一点，不可能总是那么平平静静、稳稳当当。要注意经济稳定、协调地发展，但稳定和协调也是相对的，不是绝对的。发展才是硬道理。"① 这一历史经验至今仍有重大现实价值。

---

① 《邓小平文选》第三卷，人民出版社 1993 年版，第 364 页。

第五个问题

如何以新安全格局保障新发展格局？

加快构建以国内大循环为主体、国内国际双循环相互促进的新发展格局，是"十四五"规划《建议》提出的关系我国发展全局的重大战略任务，党的二十大则进一步对加快构建新发展格局进行了全面部署。安全发展是新发展格局的内在需求。我们必须从把握新发展格局自身内涵特征入手，坚持底线思维、保持忧患意识，梳理出其风险隐患的主要脉络和关键点，增强国内大循环、国内国际双循环的可靠性，着力提升新发展格局的安全水平。

一、构建保障国内大循环的新安全格局

新发展格局以构建国内大循环为主体。改革开放以来特别是加入世贸组织后，我国加入国际大循环，市场和资源"两头在外"，形成"世界工厂"发展模式，对我国

快速提升经济实力、改善人民生活发挥了重要作用。近年来，经济全球化遭遇逆流，国际经济循环格局发生深度调整。各国内顾倾向上升。有的国家大搞单边主义、保护主义，传统国际循环明显弱化，新冠疫情也加剧了逆全球化趋势。市场和资源两头在外的国际大循环动能明显减弱，大进大出的环境条件已经发生变化。在当前全球市场萎缩的外部环境下，必须着力加快构建以国内大循环为主体的新发展格局。这不是被迫之举和权宜之计，而是把握未来发展主动权的战略布局和先手棋，有利于增强我们的生存力、竞争力、发展力、持续力，确保中华民族伟大复兴进程不被迟滞甚至中断。相应地，保障新发展格局的新安全格局，其着眼点在于保障国内大循环的运行。

首先，新安全格局要为国内大循环的畅通提供保障。构建新发展格局的关键在于经济循环的畅通无阻。安全发展既是构建新发展格局的重要前提和保障，也是畅通国内大循环的题中应有之义。如果经济循环中出现堵点、断点，循环就会受阻，在宏观上就会表现为增长速度下降、失业增加、风险积累、国际收支失衡等情况，在微观上就会表现为产能过剩、企业效益下降、居民收入下降等问题。在我国发展现阶段，畅通经济循环最重要的任务是确保供给侧有效畅通。有效供给能力强，就可以畅通循环堵点、消除瓶颈制约。

畅通国内大循环,重在产业链供应链安全。为保障我国产业安全和国家安全,要着力打造自主可控、安全可靠的产业链供应链,力争重要产品和供应渠道都至少要有一个替代来源,形成必要的产业备份系统,突破产业瓶颈。我们不应该也不可能再简单重复过去的模式,而要努力重塑新的产业链,全面加大科技创新和进口替代力度。要巩固提升优势产业的国际领先地位,锻造一些"杀手锏"技术,持续增强高铁、电力装备、新能源、通信设备等领域的全产业链优势,提升产业质量,拉紧国际产业链对我国的依存关系,形成对外方人为断供的强有力反制和威慑能力。同时,在关系国家安全的领域和节点构建自主可控、安全可靠的国内生产供应体系,在关键时刻可以做到自我循环,确保在极端情况下经济正常运转。

其次,新安全格局要为国内大循环的自主科技创新提供保障。构建新发展格局最本质的特征是实现高水平的自立自强。要把自主创新放在能不能生存和发展的安全高度加以认识,全面加强对科技创新的部署,加强创新链和产业链对接,创造有利于新技术快速大规模应用和迭代升级的独特优势,加速科技成果向现实生产力转化,提升产业链水平,维护产业链安全,打通从科技强到产业强、经济强、国家强的通道，以改革释放创新活力，加快建立健全国家创新体系。

科技安全是保障产业链供应链安全的关键。科技安全是国家安全体系的重要组成部分，是支撑国家安全的重要力量。维护科技安全既要确保科技自身安全，更要发挥科技支撑引领作用，确保相关领域安全。当前，我国经济发展环境出现了变化，特别是生产要素相对优势出现了变化，科学技术的重要性全面上升。同时，原来的以市场换技术的路子遇到了巨大阻力。在这种情况下，我们必须更强调科技安全，保证科技体系完整有效，国家重点领域核心技术安全可控，国家核心利益和安全不受外部科技优势危害，以及保障持续安全状态的能力。重点领域核心关键技术受制于人，威胁我国产业安全。因此，在"十四五"规划《建议》中，第一条重大举措就是科技创新。要全面加强对科技创新的部署，集合优势资源，有力有序推进创新攻关的"揭榜挂帅"体制机制，加强创新链和产业链对接，明确路线图、时间表、责任制，适合部门和地方政府牵头的要牵好头，适合企业牵头的政府要全力支持。

最后，新安全格局要为国内大循环的市场培育提供保障。形成强大国内市场是国家新发展格局的重要支撑，也是大国经济优势所在。加快培育完整内需体系，有利于化解外部冲击和外需下降的影响，也有利于在极端情况下保证我国经济基本正常运行和社会大局总体稳定。要把实施扩大内需战略同深化供给侧结构性改革有机结合起来，着力提升供给体系对内需求的适配性。要坚持扩大内需这个战略基点，使生产、分配、流通、消费各环节更多依托国内市场实现良性循环。使国内市场成为最终需求的主要来源，形成需求牵引供给、供给创造需求的更高水平动态平衡。

公共安全是国内市场培育的基本保障。要提高与新发展格局相适应的公共安全水平。公共安全一头连着经济社会发展，一头连着人民群众千家万户，必须提高公共安全保障能力，切实维护人民群众生命财产安全，确保人民群众安居乐业。要强化事前预防，构建预防型公共安全治理模式，建立大安全大应急框架，完善公共安全体系。要加强信息化源头管控、精准化监测预警、动态化风险评估等制度机制建设。推进安全生产风险专项整治，加强重点行业、重点领域安全监管。要完善和落实安全生产责任制，加强重点行业、重点领域安全监管，深入开展安全隐患排查整治，有效遏制重特大安全事故。强化食品药品安全监管，确保人民群众"舌尖上的安全"。要健全生物安全监管预警防控体系，全面提高国家生物安全治理能力。要加强个人信息保护，确保数据安全。要加强国家区域应急力量建设，提高防灾减灾救灾和重大突发公共事件处置保障能力。要重视公共安全信息公开，合理界定政府、社会和公众的公共安全责任，提升公众安全感。国内市场要正常运转，必须增强防灾备灾意识。坚持以防为主、防抗救相结合，坚持常态减灾和非常态救灾相统一，建立高效科学的自然灾害防治体系。天有不测风云，人有旦夕祸福。要大力加强防灾备灾体系和能力建设，舍得花钱，舍得下功夫，宁肯十防九空，有些领域要做好应对百年一遇灾害的准备。要坚持两条腿走路，实行中央储备和地方储备相结合、实物储备和产能储备相结合、国家储备和企业商业储备相结合，搞好军民融合储备。要优化应急物资品种和储备布局，合理确定储备规模，全面加大投资建设力度。

二、构建保障国内国际双循环相互促进的新安全格局

新发展格局是开放的发展格局，不是封闭的国内单循环，也不是单纯依赖国际大循环，而是国内国际双循环相互促进。我国经济已经深度融入世界经济，同全球很多国家的产业关联和相互依赖程度比较高，内需外需市场本身是相互依存、相互促进的。推动形成宏大顺畅的国内经济

循环，就能更好吸引全球资源要素，既满足国内需求，又提升我国产业技术发展水平，形成参与国际经济合作和竞争的新优势。

在国际上保护主义思潮上升的大背景下，要构建保障国内国际双循环相互促进的新安全格局，必须积极参与、维护、塑造全球治理体制。随着全球性挑战增多，加强全球治理、推进全球治理体制变革已是大势所趋。这不仅事关应对各种全球性挑战，而且事关给国际秩序和国际体系定规则、定方向；不仅事关对发展制高点的争夺，而且事关各国在国际秩序和国际体系长远制度性安排中的地位和作用。当今世界发生的各种对抗和不公，不是因为联合国宪章宗旨和原则过时了，而恰恰是由于这些宗旨和原则未能得到有效履行。要推动变革全球治理体制中不公正不合理的安排，推动国际货币基金组织、世界银行等国际经济金融组织切实反映国际格局的变化，特别是要增加新兴市场国家和发展中国家的代表性和发言权，推动各国在国际经济合作中权利平等、机会平等、规则平等，推进全球治理规则民主化、法治化，努力使全球治理体制更加平衡地反映大多数国家意愿和利益。要推动全球治理理念创新发展，积极发掘中华文化中积极的处世之道和治理理念同当今时代的共鸣点，继续丰富打造人类命运共同体等主张，弘扬共商共建共享的全球治理理念。要加强能力建设和战略投入，加强对全球治理的理论研究，高度重视全球治理方面的人才培养。以开放、合作、共赢胸怀谋划发展，坚定不移推动经济全球化朝着开放、包容、普惠、平衡、共赢的方向发展，推动建设开放型世界经济。加强海外安全保障能力建设，维护我国公民、法人在海外的合法权益，维护海洋权益，坚定捍卫国家主权、安全、发展利益。

国内国际双循环相互促进，关键在于健全反制裁、反干涉、反"长臂管辖"机制。必须维护产业链供应链的全球公共产品属性，坚决反对把产业链供应链政治化、武器化。在国际经贸谈判中，要推动形成维护全球产业链供应链安全、消除非经济因素干扰的国际共识和准则，力争通过国际合作阻止打击全球产业链供应链的恶劣行为。既要持续深化商品、服务、资金、人才等要素流动型开放，又要稳步拓展规则、规制、管理、标准等制度型开放。要通过参与国际市场竞争，增强我国出口产品和服务的竞争力，推动我国产业转型升级，增强我国在全球产业链供应链创新链中的影响力。我国企业的利益已延伸到全球各个角落，大家要注重了解国际事务，深入研究利益攸关国、贸易伙伴国、投资对象国的情况，做到心中有数、趋利避害。同时，要牢固树立安全发展理念，加快完善安全发展体制机制，补齐相关短板，维护产业链供应链安全，积极做好防范化解重大风险工作。要加强国内大循环在国内国际双循环中的主导作用，塑造我国参与国际合作和竞争新优势。要重视以国际循环提升国内大循环的效率和水平，改善我国生产要素质量和配置水平。

资源安全在保障国内国际双循环相互促进中居于重要地位。资源安全不仅是国家维护政治和军事安全的基础，也是经济社会平稳可持续发展必不可少的要素。从国家安全的角度看，资源的构成包括水资源、能源资源、土地资源、矿产资源等多个方面。资源安全的核心是保证各种重要资源充足、稳定、可持续供应。资源安全是国家安全的重要支撑。首先，资源是经济发展、人民生活的最基本的投入要素。没有要素投入安全的支撑，经济就没有安全，国家安全的基础就会动摇。其次，资源的掌控量是衡量国家实力的重要因素。最后，随着经济社会发展变化，资源的内涵不断发生变化，不仅体现在占有资源的数量上，还反映在资源的利用水平和精深加工技术水平上，资源安全的深度和广度不断延伸，支持作用进一步凸显。长期以来，我国一直存在着能源和矿产资源供给能力严重短缺的问题。我国资源总量大、人均少、质量不高，一些主要资源人均占有量与世界平均水平相比普遍较低。针对我国资源安全问题突出，比如对外依存度较大，资源进口运输通道单一且安全保障能力不足等，要吸取有关国家遭遇封锁、禁运等情况的教训，坚持底线思维，健全预防预备体系，完善应急处置预案，提高抵御极端风险挑战和应急状态的能力。必须超前谋划，分散进口风险，加强通道保障，确保资源安全供应。针对不同资源、不同用途、不同时期、不同情况，分别制定针对性底线指标。

三、为新发展格局提供维护社会稳定的底线保障

维护新发展格局，无论对于作为主体的国内大循环，还是对于国内国际双循环相互促进，社会稳定都是必需的基本保障。要以促进社会公平正义、增进人民福祉为出发点和落脚点，加大协调各方面利益关系的力度，推动发展成果更多更公平惠及全体人民。中国式现代化是全体人民共同富裕的现代化，同时共同富裕是一个长期的历史过程，两极分化是社会不稳定的重要根源。要充分发挥社会保障体系作为人民生活的安全网和社会运行的稳定器作用。要健全共建共治共享的社会治理制度，提升社会治理效能。要加强矛盾风险源头防范化解，在社会基层坚持和发展新时代"枫桥经验"，完善正确处理新形势下人民

内部矛盾机制，加强和改进人民信访工作，畅通和规范群众诉求表达、利益协调、权益保障通道，完善网格化管理、精细化服务、信息化支撑的基层治理平台，健全城乡社区治理体系，及时把矛盾纠纷化解在基层、化解在萌芽状态。要全面推进依法治国，更好维护人民群众合法权益。要完善和落实维护群众合法权益的体制机制，完善和落实社会稳定风险评估机制，预防和减少利益冲突。对各类社会矛盾，要引导群众通过法律程序、运用法律手段解决，推动形成办事依法、遇事找法、解决问题用法、化解矛盾靠法的良好环境。要加快推进市域社会治理现代化。充分发挥党的领导政治优势，统筹政府、社会、市场各方力量，完善市域社会治理的组织架构和组织方式，提高市域社会治理能力，努力把重大风险防范化解在市域。强化社会治安整体防控，深入实施《中华人民共和国反有组织犯罪法》，推进扫黑除恶常态化。依法严惩群众反映强烈的黄赌毒、盗抢骗等各类违法犯罪活动。发展壮大群防群治力量，进一步加强见义勇为工作，营造见义勇为社会氛围。完善群众参与平安建设的组织形式和制度化渠道，创新互联网时代群众工作机制，更好建设人人有责、人人尽责、人人享有的社会治理共同体，保持我国成为世界上最有安全感的国家之一的优势。

第六个问题

新安全格局的宗旨是什么？

在现代政治中，安全是人的基本权利，维护人民安全是现代国家的基本职责。总体国家安全观是新形势下维护国家安全的根本遵循，党的十九大把坚持总体国家安全观确立为新时代坚持和发展中国特色社会主义的基本方略之一。在总体国家安全观的要素中，以人民安全为宗旨被放在首位。党的二十大报告提出"以新安全格局保障新发展格局"的重要论断，其中以人民安全为宗旨成为新安全格局的重要内容。民为国基，人民安全不是一个口号，更不是一句空话，而有着具体的内涵。那么什么是人民安全？为什么要以人民安全为宗旨？又该如何做到以人民安全为宗旨？

一、人民安全及其重要地位

民惟邦本，本固邦宁。人民安全是国家安全的基石。人民安全的主体自然是广大人民群众。虽然人民是政治概念，公民是法律概念，但在安全议题上，公民所享有的基本安全权利，也正是人民安全所包含的安全权利。因此，人民安全的范畴，从个体意义上包括公民的生命权、健康权、财产权、人格权、人身自由权，以及选举监督、劳动获取收益、接受教育等政治经济社会权利。人民与公民被认为存在一个区别，即人民常常被看作集体概念，公民被视为个体概念，但事实上人民不能只看作集体概念，它也是由个体所组成的个体概念，所以人民安全的范畴也是包含个体与集体两个层面的。个体层面上的人民安全正是上述对公民个体权利的保护。集体层面上的人民安全是从整体上保护人民的生命健康、经济发展，以及民族荣誉、国家身份等。例如，一国居民因政治形象在国外受到歧视、欺压，甚至受到生命财产威胁，这也是人民安全的范畴，并不只是个体层面上的威胁，更是一个整体层面上的威胁。因此，我们可以对人民安全进行定义，就是指维护和保障广大人民群众合法拥有的个体性和集体性的生命健康财产、政治经济社会发展的权利的状态，以及维持这种状态的国家能力。

从这个定义看,人民安全具有两个显著特点:第一,人民安全是整体性与个体化相统一。人民一方面是一个整体性概念,维护人民利益就是促进公共利益最大化。人民安全要以维护广大人民的利益为出发点,而不是以维护哪一个群体的利益为出发点。也就是说,维护人民安全要以维护全体人民安全为要求。另一方面,人民也是由个体组合在一起的,没有个体就不存在人民,不能维护个体的安全,遑论维护整体的安全。因此,维护人民安全离不开对个体所处安全形势的了解,维护人民安全也要以维护个体公民的合法权利为前提,不能打着"人民"的名义,伤害少数人的合法权利,而这也正是中国特色社会主义安全政治区别于以功利主义哲学为指导的安全政治。第二,人民安全具有实在性与象征性相统一的特点。对人民安全的破坏可以是对具体的生命财产安全的破坏,比如,特大自然灾害、突发公共卫生事件、网络诈骗等。对人民安全的破坏也可以是对人民形象的破坏或诋毁,进而影响人民所享有的权利运用。

以人民安全为宗旨被置于新安全格局的首位,可见其所具有的决定性地位和指导意义。为何要如此强调以人民安全为宗旨?这是由我国国体、政体、政党制度、时代发展所共同决定的，是历史逻辑、理论逻辑和实践逻辑相统一的必然结果。《中华人民共和国宪法》总纲第一条确定了国家的国体，即中华人民共和国是工人阶级领导的、以工农联盟为基础的人民民主专政的社会主义国家。这一国体是中国革命历史的结果，也是中国建设、改革历史的延续。《中华人民共和国宪法》总纲第二条确定了国家的政体，即中华人民共和国的一切权力属于人民，人民行使国家权力的机关是全国人民代表大会和地方各级人民代表大会。人民是国家的主人，人民的安全自然是头等大事，全国人民代表大会制度也决定了维护人民安全是理论逻辑使然。从政党制度看，中国共产党是一个有着9600多万名党员的大党，更是我们国家唯一合法的执政党。中国共产党强调全心全意为人民服务，始终为人民谋幸福。在今天现实背景下，中国共产党所具有的使命、情怀，以及组织力、影响力、权威性，是推进国家治理现代化、维护人民安全的主心骨及最核心力量。

二、以治理变革推动人民安全落在实处

以人民安全为宗旨是中国共产党领导的中国特色社会主义建设的必然要求，是新安全格局建设的首要之事。在新时代新征程上，落实以人民安全为宗旨要从理念、作

风、制度、实践等方面展开。

第一,坚持人民至上的执政理念。理念决定行动。维护人民安全,首先要树立并始终坚持人民至上的执政理念。中国共产党的根基在人民、血脉在人民。人民立场是中国共产党的根本政治立场,以人民为中心是中国共产党的根本执政理念。"坚持以人民为中心的发展思想,体现了党的理想信念、性质宗旨、初心使命,也是对党的奋斗历程和实践经验的深刻总结。"①随着新时代新征程的发展,维护人民安全的任务没有减轻,甚至任务进一步加重,必须牢固树立人民至上的执政理念。在一些地方、部门还存在一些狭隘的发展思想,包括地方保护主义、部门利益、个人私利等,影响了为人民服务的质量,产生了破坏人民群众生命安全、财产安全、健康发展的不良现象。坚持人民至上,以人民安全为宗旨,必须不断通过政治学习,尤其是党史、新中国史、改革开放史、社会主义发展史的学习,破除这些狭隘的发展思想,真正树立起为人民服务、以人民为中心的理念。

第二,坚持一切为了人民、一切依靠人民的工作作风。中国特色社会主义进入新时代,以习近平同志为核心的党中央提出以人民为中心的发展思想,始终把人民放在

---

① 《习近平谈治国理政》第四卷,外文出版社2022年版,第53页。

心中最高位置、把人民对美好生活的向往作为奋斗目标。习近平总书记强调："坚持以人民为中心的发展思想，不是一句空洞口号，必须落实到各项决策部署和实际工作之中。"① 从工作作风上看，维护人民安全需要真正做到一切为了人民、一切依靠人民，这样才能凝聚起全社会的磅礴力量，筑牢国家安全的社会基础。一切为了人民是人民至上执政理念的要求，一切依靠人民需要从人民参与维护国家安全的渠道、能力、权利保障等方面优化措施。

第三，加强维护人民安全的保障建设。维护人民安全只有进行时，没有完成时。在新的伟大征程上，必须加强维护人民安全的保障。其一，加强法治保障。人民生命安全、财产安全是宪法所赋予的权利。维护人民安全，首先要提升法治保障，将法治落到实处。2013年以来，在传统安全和非传统安全领域，国家安全立法步伐加快，国家安全法治体系初成，为国家安全法治夯实基础。法律的权威在于实施，要进一步推进完善立法体系，推进国家安全文明执法、公正司法、全民守法。其二，加强政治保障。人民安全离不开人民的广泛参与，离不开人民权利的合法运用。各地各部门应真抓实干做好全过程人民民主，把民主选举、民主协商、民主决策、民主管理、民主监督贯通

---

① 《习近平谈治国理政》第四卷，外文出版社2022年版，第53页。

起来，涵盖经济、政治、文化、社会、生态文明等各个方面，关注国家发展大事、社会治理难事、百姓日常琐事。其三，加强经济保障。安全是发展的前提，发展是安全的保障。没有高质量的发展，就没有高水平的安全。发展是解决一切问题的根本。在世纪疫情冲击、地缘政治冲突、逆全球化等背景下，新时代新征程上，实现高质量发展对维护人民安全至关重要。

第四，着力解决人民群众反映强烈的安全问题。平安是老百姓解决温饱后的第一需求，是极重要的民生，也是最基本的发展环境。在今天，广大人民群众仍然面临着不同程度的自然灾害、重大生产事故、突发公共卫生事件、黑恶势力、电信诈骗等安全威胁，各级党委政府仍面临着解决人民群众反映强烈的安全问题。以电信诈骗为例，2021年4月6日，习近平总书记对打击治理电信网络诈骗犯罪工作作出重要指示。公安部组织全国公安机关始终保持严打高压态势，深入开展多项专项行动，先后组织开展150次全国集群战役，有力打击震慑了犯罪并保护了人民群众的财产安全。这些成绩有目共睹，但电信诈骗死灰复燃也很容易，仍然威胁到广大人民群众的财产安全。如何建立长久持续的工作机制，建立具有可复制可粘贴的维护公共安全的经验，仍是当下需要探索的重点。

第七个问题

为何要把政治安全置于新安全格局的首要位置？

国家安全是新时代国家治理的头等大事，而政治安全居于国家安全的首要位置。习近平总书记指出，"要把维护国家政治安全特别是政权安全、制度安全放在第一位"[①]。新安全格局强调，要以政治安全为根本，政治安全也被视为新时代国家安全的生命线。为何要把政治安全置于国家安全的首要位置？新时代又该如何做好维护政治安全工作？回答此问题，要从了解什么是政治安全开始，进而结合世情、国情、党情予以回答。

---

① 《习近平关于防范风险挑战、应对突发事件论述摘编》，中央文献出版社2020年版，第32页。

一、政治安全的含义与特征

学术界、实务界通常通过列举法方式界定政治安全，认为"政治安全的核心是政权安全和制度安全，最根本的就是维护中国共产党的领导和执政地位、维护中国特色社会主义制度"[①]。在此定义基础上，将国家政权安全、制度安全、意识形态斗争、民族政策和宗教政策、党的建设等内容放在维护政治安全的框架之中，但缺少对政治安全内涵的界定。学术界也认为，政治安全包括政权安全、制度安全、意识形态安全，也有的在三要素基础上加上主权安全，构成政治安全四要素。列举法只是囊括了政治安全的外延，而缺少对内涵的界定，这种概念具有模糊性问题。例如，从制度安全看，怎样的制度算是不安全的？是制度受到挑战，还是确定被颠覆？哪些制度算是政治安全范畴，哪些制度不算？因此，对政治安全的理解首先要有一个清晰的含义界定。

马克思主义理论认为，国家是阶级统治的工具。中华人民共和国是工人阶级领导的、以工农联盟为基础的人民民主专政的社会主义国家。政治安全就是维护人民民

[①] 中共中央宣传部、中央国家安全委员会办公室编《总体国家安全观学习纲要》，学习出版社、人民出版社2022年版，第58页。

主专政的社会主义国家性质。不论在政权方面，还是在制度、意识形态、党的建设等方面，只要存在威胁人民民主专政的社会主义国家的国家性质稳定性、持久性的情况，就能认为政治安全受到威胁。因此，维护政治安全是指国家维护政权性质的状态和能力。维护政治安全的核心领域可以说包括维护本国政权、主权、制度和意识形态安全的状态，同时，维护政治安全要求具有维护安全状态不受侵犯、不受破坏的能力。就中国而言，就是维护中国共产党的领导和执政地位、维护人民民主专政的中国特色社会主义政治制度、维护马克思主义在意识形态领域的指导地位，其根本是维护国家政权性质的稳定性和持久性。任何威胁到这一根本的情况，都可认为存在政治安全风险。

从政治安全的含义分析来看，它具有以下特点：第一，绝对性与相对性的统一。政治安全具有绝对性。例如，在中国，威胁到中国共产党的执政地位即可视为政治不安全，不管这种威胁是来自国外的和平演变，还是来自党内腐败危险，抑或来自社会势力的挑战。而政治安全也具有相对性，威胁政治安全正在形成或者具有的破坏性力量较小，能够被国家权力化解，这种情况下政治安全威胁相对要重视。第二，时空稳定性和时空变动性的统一。政治安全的核心是维护政权性质，影响政权性质的内外部因素也在发生变化。政治安全并不是一成不变的。例如，国家主权安全是政治安全的重要部分。主权安全具有时空稳定性，不论经济社会如何发展，主权至高无上、不受分割的安全特性持续存在，不受挑战。但主权内容也有变化之处。信息革命彻底改变了主权国家所处的治理环境，大型全球型科技公司的迅速崛起，以及科技公司所掌握的规则制定权、数据流通权、议程设定权等形成实实在在的网络主权。① 大型科技公司所具有的网络主权构成对主权国家权力的挑战，也成为世界各国迫在眉睫要解决的问题。除了网络主权外，信息革命改变了政治环境，产生了数字暴力、网络战争等，颠覆了传统的政治安全理论。② 第三，直接性与间接性的统一。在国际竞争中，政权体制受到直接的攻击。但经济风险、社会治理风险、地缘政治冲突、突发性公共卫生事件、自然灾害等发生及其蔓延，都可能因治理失效产生体制认同的问题，从而带来间接的政治安全问题。政治安全面临着防止非公共性风险扩大为公共性风险、非政治性风险蔓延为政治风险的挑战。

---

① 参见黄其松《数字时代的国家理论》，《中国社会科学》2022 年第 10 期。
② 参见王绍光《新技术革命与国家理论》，《中央社会主义学院学报》2019 年第 5 期。

二、政治安全居于新安全格局首要位置的原因

构建新安全格局强调以政治安全为根本,把政治安全放到首要位置,显示出政治安全在国家安全体系中的极端重要性。为什么如此重视政治安全?这与政治安全今天面临的内外形势有关。党的二十大报告对当前发展形势提出了精准判断,即我国发展进入战略机遇和风险挑战并存、不确定难预料因素增多的时期,各种"黑天鹅""灰犀牛"事件随时可能发生。对维护政治安全而言,以下几个因素极为关键。

第一,在新的历史发展阶段,社会利益调整面临更大阻力,社会问题频发,影响部分群体对国家的政治认同。经过市场经济狂飙突进的年代,社会整体富裕水平提高,但贫富差距、地区差距、群体差距却扩大了,社会的疏离感、不公平感增强,社会凝聚力、向心力减弱。与此同时,改革进入深水区,改革涉及的利益调整面临更多阻力。在此社会背景下,改革极易产生社会冲突,引发社会不稳定,进而形成对体制的不信任。由于社会治理风险具有蔓延、演化的特点,社会自组织、自治能力弱,容易陷入对各地党委政府的不满,导致政治安全问题。一些区域性、局部性问题极易引发广泛性关注,诱发政治风险。

第二，在新的全球竞争格局下，社会主义中国的政治模式、政治体制极易受到资本主义国家的攻击，威胁政治安全。从全世界看，社会主义国家数量少，除中国外，社会主义国家经济社会发展水平普遍不高，古巴、朝鲜甚至被西方国家视为社会主义发展的失败案例。因此，社会主义体制在西方国家遭受普遍敌视。我国经过40多年改革开放，已取得世界大国地位，经济总量、军事实力、科技水平、社会治理等取得亮眼的成绩，但我国社会主义制度依然被西方一些人视为"威权政体"，盛行于西方学术表达和新闻报道中。同时，西方一些国家借台海问题、南海问题、中印边界问题炒作"中国威胁论"；借"新疆强迫劳动"议题污蔑中国人权事业；借中国科技公司拓展国际业务之际，打着维护本国国家安全旗号，阻碍中国企业出海。这种长期的国家"标签"、西方叙事损害了中国国家形象，误导着国外民众对中国的认知，也威胁着中国的政治安全。

第三，智能革命带来了互联网的技术性变革，助推了国内外政治风险的力量，产生更多政治安全风险。今天互联网已经不仅是个被动的信息检索工具，而且凭借着复杂算法、海量数据等优势，变成具有主动塑造能力的工具。从国内看，在国内互联网市场，微博、微信、新闻客户端等社交媒体、资讯媒体滋养出大量的意见领袖、社会权威、虚拟网络，提供了点评时政、舆论动员的工具，在提供讨论窗口的同时，也为引发社会撕裂、社会冲突、社会行动提供了技术平台。尤其是算法推荐技术所构建的信息茧房，成为这个时代最有力的社会化工具。从国外看，在全球互联网市场，美国科技巨头具有垄断地位，例如，推特（Twitter）、脸书（Facebook，现已更名为Meta）、优兔（YouTube）等社交娱乐媒体，以及美国有线电视新闻网（CNN）等新闻传播媒体。美国凭借科学技术，垄断着全球性互联网科技巨头，掌握着全球网络空间的话语权。同时，美国带有强烈的政治模式输出冲动、干预中国内政的偏见。智能革命提升了美国所具有的认知与行动能力，给维护中国政治安全带来更大挑战。互联网科技平台掌握的强制力、信息控制权、注销权、意识形态塑造能力等，赋予其类似主权者地位，存在侵犯传统国家权力，侵犯公民言论自由、数字权利等危害。国外、国内的互联网、物联网、体联网等科技平台所具有的算法推荐、情感分析、意识形态测算等能力，赋权平台强有力的意识形态干预能力，容易诱发政治认同、意识形态认同等方面问题。由此可见，技术带来了生产力，同时，技术也带来了政治挑战。

第四，党的自身建设也面临着新的危险和考验，党内作风建设、廉洁建设尤为关键。中国共产党人具有居安思危、忧患意识，历届党和国家领导人都极为强调共产党自身建设对维护社会主义制度的重要意义。在改革开放时期，邓小平同志就提醒道，"中国要出问题，还是出在共产党内部"①。胡锦涛同志在建党90周年庆祝大会上提出的四大考验、四大危险的判断并没有随着进入新时代而改变，相反新时代对党的执政能力建设提出了更高要求。从腐败危险来看，新时代以来，党展开了大刀阔斧改革，反腐败斗争工作取得压倒性胜利并不断巩固。但腐败存量、腐败增量仍不容小觑。根据十九届中央纪律检查委员会向中国共产党第二十次全国代表大会的工作报告，在党的十九大以来的五年中，中央纪委国家监委立案审查调查中管干部261人；全国纪检监察机关共立案306.6万件，处分299.2万人；全国纪检监察机关共查处形式主义、官僚主义问题28.2万个，批评教育帮助和处理42.5万人，其中给予党纪政务处分25.3万人。党的十九大以来，党内腐败问题及形式主义、官僚主义问题仍然很严重。

---

① 《邓小平文选》第三卷，人民出版社1993年版，第370页。

三、更好维护新时代政治安全的治理路径

新时代维护政治安全首要在于增强政治判断力。习近平总书记指出:"政治上的主动是最有利的主动,政治上的被动是最危险的被动。增强政治判断力,就要以国家政治安全为大、以人民为重、以坚持和发展中国特色社会主义为本,增强科学把握形势变化、精准识别现象本质、清醒明辨行为是非、有效抵御风险挑战的能力。"① 这一论述为维护新时代政治安全提供了方法论指导。

第一,始终坚持党的领导和走中国特色社会主义道路。在全球大变革时代,正确认识社会主义和资本主义的本质区别,认识中国共产党领导的中国特色社会主义道路的优势,增强"四个意识",坚定"四个自信",做到"两个维护",是维护好政治安全的首要问题。习近平总书记强调:"我们治国理政的本根,就是中国共产党领导和社会主义制度。我们思想上必须十分明确,推进国家治理体系和治理能力现代化,绝不是西方化、资本主义化!"② 维护政治安全,既不能走因循守旧的老路,更不能走改旗易

---

① 《习近平谈治国理政》第四卷,外文出版社 2022 年版,第 44 页。
② 《习近平关于防范风险挑战、应对突发事件论述摘编》,中央文献出版社 2020 年版,第 229 页。

帜的邪路。维护政治安全要坚持人民安全、政治安全、国家利益至上的有机统一。

第二，加强党的建设，提高党的长期执政能力，提升国家治理体系和治理能力现代化。党面临的腐败问题、作风问题等毒瘤，是维护政治安全必须解决的问题，必须通过"让人民来监督政府""党的自我革命"这两个跳出历史周期率的答案来解决，两者不可偏废。通过加强党的建设，提高党自身的执政能力，永葆党的生机与活力。同时，新时代新征程上，要继续加强党和国家监督体系建设，完善公共政策制定过程和学习评估，加强党和国家的治理体系建设，提升治理能力。

第三，处理好网络政治安全与公共空间建设的张力。提升公共安全治理机制和人民防线，培养理性平和、充满活力的互联网公共空间。政治安全建设离不开塑造政治认同，要加强马克思主义在意识形态领域的指导地位，加强治理共同体建设。在互联网时代，要以人民安全为宗旨，维护公共利益，破除高科技企业主导的信息资本主义的弊病。同时，完善算法推荐等机制设计，规范互联网科技企业的权力，保护公民数字权利，实现限制互联网科技企业权力与保护公民数字权利的双向运动。

第四，坚持以政治安全为根本，统筹发展和安全。数字时代给政治安全带来前所未有的破坏力。要坚持党的领导和有为政府理念，破除美国主导的信息帝国主义对政治安全的威胁。同时，智能革命推动的数字经济是高质量发展的引擎和保障。数据安全的技术保障、反国外数字霸权等也离不开本国高科技企业的创新发展。国家对智能革命的理念要以维护政治安全为根本，统筹政治安全和数字发展。坚持发展是第一要务，推动数字经济、数字政府高质量发展，为维护政治安全提供良好的政治生态、经济基础和社会基础。下好先手棋，打好主动仗，积极发展世界级互联网科技平台，提升国际传播能力和传播体系，优化对互联网科技企业的监管。

第八个问题

如何提升经济安全水平夯实国家安全基础？

经济安全是国家安全的基础，是国家安全体系的重要组成部分。从经济安全的战略板块来看，主要包括四方面内容：一是重要产业链供应链安全，二是粮食安全，三是能源资源安全，四是金融安全。保障经济安全，必须下好先手棋，着眼于基础和长远作出战略安排。为此，在"十三五"时期，我们建立健全了相关的工作协调机制和政策体系，为经济社会的平稳健康发展打下了基础，为防范和抵御各类风险挑战提供了保障。但是，也要看到，在新时代新征程的发展道路上，我国面临的外部环境更趋复杂，不稳定不确定因素明显增加，国内发展不平衡不充分问题仍然存在，经济安全相对于外部挑战来看，还有不少薄弱环节，维护国家经济安全的任务并不轻松，甚至更为艰巨。要为国家安全夯实基础、提升维护经济安全的水平，必须进一步提高"保障重点领域安全可控、稳健发展"的能力，既要在发展上多考虑安全要求，也要在安全上多关注发展因素，实现安全与发展的同步推进、新发展格局与新安全格局的同步跃升。

一、提升产业链供应链的韧性和安全水平

产业链供应链的完整、稳定与韧性，是经济畅通循环发展的关键，是维护国家经济安全的重要基础。从产业发展来看，我国已形成比较完备的产业体系。一是工业，拥有联合国产业分类目录中的全部工业门类；二是农林牧渔业，得到全面发展；三是服务业，实现快速增长；四是其他新技术、新产业和新业态，正在同步迭代演进并发展出多种新样貌。

与此同时，也应看到，我国的产业基础能力和产业链水平同高质量发展的要求相比，还存在基础不牢、地基不稳的问题。比如，工业上，在核心基础零部件、先进基础工艺、关键基础材料、产业技术基础等方面，对外依存度高，许多产业面临"缺芯""少核""弱基"的窘境。农业上，发展的总体效益不高、竞争力不强。[①] 服务业上，仍

[①] 参见《"十四五"规划〈纲要〉解读文章之36：强化国家经济安全保障》，中华人民共和国国家发展和改革委员会，https://www.ndrc.gov.cn/fggz/fzzlgh/gjfzgh/202112/t20211225_1309724.html。

需在专业化和高端化上下功夫，提高品质。

为此，我们要构建现代化产业体系，加快形成完整且有韧性的产业链供应链。一是建立产业链供应链风险普查和评价机制，聚焦电子信息、计算机、生物、航空航天等产业领域的薄弱环节，加快基础零部件、基础材料、基础工业、基础技术等短板弱项建设。二是巩固优势产业领先地位，推动制造业高端化、智能化、绿色化发展。三是推动战略性新兴产业融合集群发展，构建新一代信息技术、人工智能、生物技术、新能源、新材料、高端装备、绿色环保等一批新的增长引擎。① 四是构建优质高效的服务业新体系，推动现代服务业同先进制造业、现代农业深度融合。五是发展物联网，建设高效顺畅的流通体系，提高战略性资源的运输投送能力。

二、增强维护粮食安全的能力

"洪范八政，食为政首。"我国人口众多，解决好吃饭问题，始终是党治国理政的头等大事。习近平总书记指出，我国耕地就那么多，潜力就那么大，在粮食问题上不

---

① 参见习近平《高举中国特色社会主义伟大旗帜 为全面建设社会主义现代化国家而团结奋斗——在中国共产党第二十次全国代表大会上的报告》，人民出版社2022年版，第30页。

可能长期出现高枕无忧的局面。① 什么时候都不能轻言粮食过关了，粮食安全的主动权必须牢牢掌控在自己手中。②

"十三五"的数据表明，我国口粮自给率达到100%，谷物自给率超过95%，人均粮食占有量超出世界平均水平30%以上。同时，我们逐步健全粮食储备和应急供应体系，粮食物流骨干通道全部打通，公路、铁路、水路多式联运格局基本形成。

但是，对于粮食问题，要善于透过现象看本质。粮食多了是问题，少了也是问题。当然，"这是两种不同性质的问题。多了是库存压力，是财政压力；少了是社会压力，是整个大局的压力。对粮食问题，要从战略上看，看得深一点、远一点"③。因此，要综合考虑国内资源环境、粮食供求格局、国际市场贸易条件，实施以我为主、立足国内、确保产能、适度进口、科技支撑的国家粮食安全战略。

在这方面，要抓住五个着力点：一是全方位夯实粮食安全根基，全面落实粮食安全党政同责，牢牢守住18亿

---

① 《习近平关于"三农"工作论述摘编》，中央文献出版社2019年版，第67页。

② 《十八大以来重要文献选编》（上），中央文献出版社2014年版，第661页。

③ 习近平：《论坚持全面深化改革》，中央文献出版社2018年版，第400页。

亩耕地红线，逐步把永久基本农田全部建成高标准农田，真正实现旱涝保收、高产稳产，稳定并增加粮食播种面积和产量。同时，健全种粮农民收益保障机制和主产区利益补偿机制，确保中国人的饭碗牢牢端在自己手中。二是坚持农业科技自立自强，深入实施现代种业振兴行动，强化农业科技和装备支撑；发展设施农业，构建多元化食物供给体系。三是掌握粮食进口的稳定性和主动权，对于国内资源生产满足不了或为土地等资源休养生息不得不进口的短缺粮食品种，要把握适当比例，积极利用国外资源。四是深化粮食收储制度改革，提升收储调控能力，加强中央储备粮食仓储物流设施建设，确保应急成品粮储备及投放满足粮食安全战略需求。五是注重农产品质量和食品安全，在保障数量供给的同时，要强化生产源头治理和产销全程监管，让人民群众吃得饱、吃得好、吃得放心。

三、提高保障能源资源安全的能力

能源安全是关系经济社会发展的全局性、战略性问题，对国家繁荣发展、人民生活改善、社会长治久安至关重要。经过长期发展，我国已成为世界上最大的能源生产国和消费国，形成了煤炭、电力、石油、天然气、新能源、可再生能源全面发展的能源供给体系，技术装备水平明显提高，生产生活用能条件显著改善。与此同时，能源储备体系也不断健全，综合应急保障能力显著增强。

能源安全是一个状态概念，永远面临需求与供给的动态平衡及安全标准达标或安全需求满足的问题。客观来看，我国的能源需求压力不小、能源供给的制约因素不少，诸如石油、天然气、铁矿石、铜等重要大宗矿产以及多种战略新兴产业所必需的稀有金属对外依存度较高，不少矿产进口来源较集中，稳定供应容易受到各种外部因素的冲击。同时，还面临能源生产和消费对生态环境损害较严重、能源技术水平总体落后等挑战。这些要求我们必须从国家发展和安全的战略高度，审时度势、借势而为，找到保障能源需求与供给的安全之道。

一是推进能源革命，完善能源产供储销体系。要持续加大国内石油、天然气的勘探开发投入，稳妥推进煤制油气技术升级示范，夯实国内油气产量基础，有效保障核心需求。二是优化油气管网布局，有序发展风电和光伏发电，积极稳妥发展水电，安全发展先进核电，提升清洁能源消纳和存储能力。不断优化煤炭产能结构和布局，全面推动煤电清洁高效发展，巩固煤炭兜底保障作用。三是完善能源风险应急管控体系，加强重点城市和用户电力供应保障，强化重要能源设施、能源网络安全防护，完善应急保障预案。四是完善多元进口格局,继续拓展海外供应,维护战略通道和关键节点安全。培育以我为主的交易中心和定价机制,积极推进本币结算。五是扩大油气储备规模,健全政府储备和企业社会责任储备有机结合、互为补充的油气储备体系;加强煤炭储备能力建设,充实战略性矿产资源储备。①

四、守住不发生系统性金融风险的底线

金融是经济的血脉,是现代市场经济运转的基石。金融安全是国家安全的重要组成部分,是经济平稳健康发展的重要基础。防范化解金融风险,特别是防止发生系统性金融风险,是金融工作的根本性任务,也是金融工作的永恒主题。

当前,金融领域的系统性风险虽然总体可控,但不良资产风险、流动性风险、债券违约风险、影子银行风险、外部冲击风险、房地产泡沫风险、政府债务风险、互联网金融风险等正在累积,金融市场乱象丛生。金融风险有隐藏性特点,有的是长期埋下的雷,一旦爆发,就会对经济

---

① 参见《"十四五"规划〈纲要〉解读文章之36:强化国家经济安全保障》,中华人民共和国国家发展和改革委员会,https://www.ndrc.gov.cn/fggz/fzzlgh/gjfzgh/202112/t20211225_1309724.html。

安全和国家安全造成重大冲击和破坏性影响。

守住不发生系统性金融风险底线，需要在以下六个方面着力：一是加强风险源头管控，着力完善金融安全防线和风险应急处置机制，做到早识别、早预警、早发现、早处置。二是积极稳妥处置突出风险点，诸如流动性风险、信用风险、资本市场异常波动风险、保险市场风险等，重点整治非法集资、乱加杠杆、地下钱庄、表外业务、违法违规套利等严重干扰金融市场秩序的行为。三是加强互联网金融监管，防范金融网络技术和信息安全风险，严格规范金融综合经营和产融结合，在支持金融创新的同时，严防垄断、严守底线，维护市场秩序，促进公平竞争。四是完善现代金融监管体系，强化功能监管和行为监管，建立金融从业人员、金融机构、金融市场、金融运行、金融治理、金融监管、金融调控等法规制度体系，规范金融运行。五是强化金融机构防范风险的主体责任，对于变相从事法定金融业务的企业，严把市场准入关，不能"无照驾驶"。六是把金融为实体经济服务作为维护金融安全的出发点和落脚点，把更多的金融资源配置到经济社会发展的重点领域和薄弱环节，更好满足人民群众和实体经济多样化的金融需求，全面提升金融服务的效率和水平。

第九个问题

如何以科技安全保障新安全格局?

科技是国家强盛之基,创新是民族进步之魂。当今世界百年未有之大变局加速演进,科技创新是团结带领全国各族人民走中国式现代化道路、奋力实现中华民族伟大复兴的关键所在。因此,总体国家安全观强调,以军事、科技、文化、社会安全为保障,将科技安全与军事安全、文化安全、社会安全并列,凸显其保障性地位。以新安全格局保障新发展格局,离不开以科技安全保障新安全格局。那么,如何理解科技安全的含义与类型?科技安全在今天时代发展中为何如此关键?又该如何强化国家科技安全能力和水平?

一、科技安全的含义与类型

科学技术是第一生产力,这是颠扑不破的真理。自工业革命、信息革命及智能革命以来,科学技术一直是大国兴盛的关键。可以说,掌握了科学技术,就掌握了时代发展的方向。因此,世界各国对科学技术投入了巨大的关注和支持,科技创新也成为国际战略博弈的主要战场,围绕科技制高点的竞争空前激烈。在此背景下,科技安全成为一个关键议题,成为国家安全和发展的战略支撑。那么,如何理解科技安全?

我们对科技安全的界定将采用"状态+能力"的定义法。在广义上,科技安全的主体可以是国家,也可以是企业,甚至是个人。在狭义上,从国家安全的角度理解,科技安全是指国家科技安全,即一国科技发展自主可控,不被外界威胁以致阻碍本国发展的状态,以及具有持续维持这种安全状态的能力。国家科技安全即科技作为第一生产力能够发挥作用的空间,可被视为国家能力的具体体现。

国家科技安全存在的风险,包括以下几种情形。

第一,一国科学技术受国外控制、制约,无法发展本国生产力。国外力量包括美国这种掌握大量核心技术的国家,或者大型科技公司,例如全球最大的半导体设备制造商之一的荷兰阿斯麦(ASML)公司。这是科技作为生产力本身存在的外部制约风险。科技受制于人的情况,也就是今天常说的"卡脖子"问题。

第二，科技直接引发的系统性风险，包括网络攻击、金融风险、大面积断网断电等。这是科技作为生产力直接引发的相关性风险，同样给国家安全和社会稳定带来巨大危害。

第三，科技间接诱发的系统性风险，包括科技产品借助自身具有的社会动员属性和动员能力带来的社会不稳定风险，科技平台借助自身具有的意识形态塑造功能或定向叙事功能所带来的意识形态风险或政治风险。当今互联网界，Twitter、YouTube、Facebook（现已更名为 Meta）、微博、微信等社交平台借助日益发达的算法推荐技术，掌握信息推送能力。科技间接诱发的系统性风险是科技在生产力基础上形成的传播力、动员力的结果。

由科技安全存在风险的三个层次可以看出，科技安全是一个系统性概念，是科技作为生产力所产生的对经济基础和上层建筑的破坏性作用。

二、新时代科技安全为何如此关键

党的二十大报告在"加快构建新发展格局，着力推动高质量发展"一章中提出，"着力提升产业链供应链韧性和安全水平"。在"推进国家安全体系和能力现代化，坚决维护国家安全和社会稳定"一章中也提出，"加强重点领域安全能力建设,确保粮食、能源资源、重要产业链供应链安全"。可见,产业链供应链安全已成为新时代新征程上的关键议题。产业链供应链安全就直接和科技安全挂钩。今天如此重视科技安全,原因大体有以下几个方面。

第一,从进口看,我国产业链供应链依赖国外,科技产品被"卡脖子"风险大,易引发系统性经济社会发展风险。根据中国海关总署公布的全国进口重点商品,2022年1—10月原油进口金额达到19902.1亿元,是进口稀缺资源中进口额最高的产品。同期,进口集成电路4580.2亿个,进口金额为23107.8亿元,是进口机电产品中进口额最高的产品。[①]可见,我国对国外集成电路的需求很高,是国民经济发展的重要支撑,但对国外的依赖度也很高,甚至高于对进口原油的依赖。这种高需求、高依赖的情况使我国容易受到国外政治干扰,近年来打着国家安全旗号对我国进行出口限制的情况不胜枚举,尤以美国为主。中国内地企业在进口高端芯片等方面也面临着种种限制。

第二,从出口看,我国科技企业出口受阻,面临着外部的阻碍。科学技术是第一生产力,离不开国际大市场的

[①] 中华人民共和国海关总署:《(5) 2022年10月全国进口重点商品量值表(人民币值)》,http://www.customs.gov.cn/customs/302249/zfxxgk/2799825/302274/302275/4668428/index.html。

分工合作。但是科技领域面临着国际发展环境差等问题。以美国为首，纠集英国、澳大利亚、日本等国家打着国家安全的旗号，限制高科技企业出口到中国，限制中国高科技企业进入国际市场。中国互联网企业，包括阿里巴巴、腾讯、字节跳动、小红书等，以及中国的高科技技术企业，包括华为、中兴、海康威视等，面临着进军海外市场的政策阻碍，对我国维持科技安全提出现实挑战。

第三，国内自主科研能力、自主创新体系仍待提高。在2021年5月全国两院院士大会上，习近平总书记总结了我国科学技术存在的八大问题，即原始创新能力还不强，创新体系整体效能还不高，科技创新资源整合还不够，科技创新力量布局有待优化，科技投入产出效益较低，科技人才队伍结构有待优化，科技评价体系还不适应科技发展要求，科技生态需要进一步完善。① 打铁必须自身硬。参与全球科技竞争，维护国家科技安全能力，主要依赖自身的科技创新能力和自主创新体系。在维护科技安全上，这一点尤为关键，这也是科技安全在今天如此重要的环境形势。

第四，对科技企业的监管仍处在摸索之中。近些年科

---

① 参见《习近平谈治国理政》第四卷，外文出版社2022年版，第197页。

技企业高歌猛进，中国诞生了诸多世界级的科技龙头，包括阿里巴巴、腾讯、华为、中兴、大疆等。但对这些企业如何监管？政策一直处于调适之中，尤其是对于平台企业的监管。2021年被视为对科技企业强监管"元年"，一些企业因为垄断、国家安全等原因被开出巨额罚单，国际股市上我国科技企业市值出现大幅下降的政策效应，引发了如何对科技企业监管的广泛讨论。2022年12月召开的中央经济工作会议又提出，要大力发展数字经济，提升常态化监管水平，支持平台企业在引领发展、创造就业、国际竞争中大显身手。可见，从监管方来看，对平台企业如何监管，仍是政策界和理论界需持续探索、探究的重要问题。

总而言之，科技安全在今天如此重要，是以新安全格局保障新发展格局的必然要求。构建新发展格局是适应我国新发展阶段要求、塑造国际合作和竞争新优势的必然选择。[1] 维护科技安全正是新发展格局下经济社会发展、国际合作与竞争的基本要求。维护科技安全是新安全格局的重要保障。

---

[1] 参见习近平《论把握新发展阶段、贯彻新发展理念、构建新发展格局》，中央文献出版社2021年版，第10页。

三、强化国家科技安全体系和能力建设的必由之路

党的二十大开启了以中国式现代化全面推进中华民族伟大复兴的新时代新征程,明确了中国共产党的使命任务。在新时代新征程上,强化国家科技安全体系和能力尤为重要。这是发挥科学技术作为第一生产力作用的必然要求。

第一,全面提升国家自主科技创新体系和科技创新能力,加快科技自立自强。在 2018 年 5 月全国两院院士大会上,习近平总书记强调:"实践反复告诉我们,关键核心技术是要不来、买不来、讨不来的。只有把关键核心技术掌握在自己手中,才能从根本上保障国家经济安全、国防安全和其他安全。"[①] 这就要求我们全面提升国家自主科技创新体系和科技创新能力,加快科技自立自强。首先,在观念上要增强责任感、危机感和紧迫感,丢掉幻想,正视现实,打好关键核心技术攻坚战。其次,科技创新归根结底在于人的创造性。要充分激发人才活力和创新活力,打造更多国际一流的科技领军人才和创新团队。再次,强化国家战略科技力量,提升国家创新体系整体效能。主动

---

① 《习近平谈治国理政》第三卷,外文出版社 2020 年版,第 248 页。

发挥新型举国体制的优势，打造国家实验室、国家科研机构、高水平研究型大学、科技领军企业等系列科技创新主力军。最后，战略规划、政策制定、体制机制改革都离不开民主的科技创新体制，要让专业的人进入专业政策制定之中，让专业的人集中精力做专业的事，听专业人的意见，不能陷入"外行领导内行"的局面。

第二，确立企业创新主体地位。今天的科技产业已经是高度系统集成的产业，是由数千万家高科技企业、数万万高科技人才共同打造的结果。这正是市场经济的价值所在。维护国家科技安全离不开科技企业的自主创新，正是后者为国家在全球竞争市场中赢得先机，取得主动。推动科技领军企业发挥市场需求、集成创新、组织平台的优势，打通从科技强到企业强、产业强、经济强的通道，实现国家科技安全能力的提升。这样才能不惧"卡脖子"的威胁，维护产业链供应链安全。

第三，优化监管政策，助力互联网企业、高新技术企业出海，增强中国企业的全球影响力。中国高科技企业目前在国际贸易、国际交往中的规则议定权、制定权上仍处下风，这与我国世界大国的地位不相符合。国家应通过政治支持，优化监管方式，助力中国企业增强话语权、影响力。这里有一个重要问题，就是对资本市场的监管。在社会主义市场经济条件下规范和引导资本发展，既是一个重大经济问题，也是一个重大政治问题，关系国家安全和社会稳定。要想发挥资本促进科技进步、繁荣市场经济、参与国际竞争的积极作用，就要全面提升资本治理效能。具体而言，要深化监管体制机制改革，坚持依法监管、公正监管、源头监管、精准监管、科学监管，全面落实监管责任，创新监管方式，弥补监管短板，提高资本监管能力和监管体系现代化水平。[①]这些方面仍需秉持开放、包容、审慎的监管理念，不断推进改革。

---

① 参见《习近平谈治国理政》第四卷，外文出版社2022年版，第221页。

第十个问题
如何理解以促进国际安全为依托？

国际安全为和平发展提供了安全的环境和保障，是坚持走和平发展道路的重要倚仗。2014年4月15日，习近平总书记在中央国家安全委员会第一次会议上提出了总体国家安全观，这是以习近平同志为核心的党中央统筹新时代"两个大局"、分析国家安全形势任务后，创造性提出的新思想、新理念、新战略。总体国家安全观系统地回答了新时代国家安全事业的方向、布局、支撑、化解等重大核心问题，坚持总体国家安全观，坚持中国和平发展道路，必须以国际安全为依托。

一、国际安全形势不稳定因素增加，不确定风险明显上升

全球化的快速发展下各国相互联系明显增多，相互依

存性明显增强，国际社会逐渐形成具有密切联系网络的共同体，这为国际安全风险的联动性提供了载体。2014年4月25日，习近平总书记主持十八届中央政治局第十四次集体学习时指出，新形势下我国国家安全和社会安定面临的威胁和挑战增多，联动效应明显。① 此外，随着中国综合国力和核心竞争力的增强，中国的国际地位和国际影响力显著升高，中国的发展进入重要战略机遇期。同时，在世纪疫情的影响下，国际安全秩序受到考验和冲击，各国都在不断调整自身的发展战略和政策以适应新的环境变化，大国间的竞争也在这个过程中不断升温，国家间的共同利益逐渐让步于竞争利益，甚至出现了排他性利益，这促使各国的合作空间进一步收紧。加之部分地区的地缘博弈错综复杂，一些地区也引发了紧张和冲突，现有的全球治理体系已经无法很好应对当今国际社会所面临的风险和挑战，国际社会的新规范、新组合在持续演化和形成过程中。这样的国际环境直接增加了国家安全和社会稳定的不确定因素和风险挑战。例如，国土安全挑战。"台独""藏独""疆独"等严重影响国家统一和领土完整，国际博弈的不稳定性更容易引发国土安全混乱，维护国家统一和领

---

① 参见《切实维护国家安全和社会安定为 实现奋斗目标营造良好社会环境》，《人民日报》2014年4月27日。

土完整的挑战加剧。经济安全挑战。在经济全球化的影响下,国际贸易和国际市场也直接影响到国内经济的安全稳定发展,新的贸易战、金融战、信息战等容易引发较大的经济波动,国内宏观经济调控压力增大。文化安全挑战。中华民族千年的文化积淀和文化传承是国人文化自信的来源,随着现代化信息技术的飞速发展和互联网流量运营现象的出现,年轻人更容易受到外来文化的侵蚀和渗透,强化传统文化价值认同的任务难度增大。此外,在社会安全、军事安全、科技安全、信息安全、海外利益安全等多个领域也存在着新的风险和挑战。面对动荡不定的世界,没有哪个国家可以不受变动局势的影响。习近平总书记指出:"这个世界,各国相互联系、相互依存的程度空前加深,人类生活在同一个地球村里,生活在历史和现实交汇的同一个时空里,越来越成为你中有我、我中有你的命运共同体。"[①] 日益密切联系的国际社会是其进化发展的必然趋势,我们需要在这样的历史机遇中作出正确的选择,推动构建人类命运共同体,共同维护和促进世界和平与发展。

---

① 《习近平谈治国理政》,外文出版社2014年版,第272页。

二、我国始终走坚持和平发展道路，倡导共同、综合、合作的安全理念

2015年9月3日，习近平总书记在中国人民抗日战争暨世界反法西斯战争胜利70周年大会上发表的重要讲话，再次向全世界明确宣示：中国将始终坚持走和平发展道路。随着中国的国际影响力不断增大，中国成为维护世界和平、促进世界共同发展的重要力量，坚持走和发展道路，是中国根据时代发展潮流和国家根本利益作出的战略抉择。[①] 中国人对和平的追求源于国家深厚的文化积淀和优良传统，中华民族自古以来就积极开展对外通商，2100多年前的丝绸之路就推动了各国的文明交流，促进了合作共进。中华民族倡导保家卫国的爱国主义，尤其是在经历了近百年的动荡和战火后，国民更加珍惜安定和平的环境，任何动荡和战争都不是中国人民追求的，都不符合中国人民的根本利益。中国作为一个拥有14亿多人口的大国，也是国际社会发展的重要一分子，国际社会的繁荣发展为中国发展提供了机遇，中国的快速发展也为维持国际社会的和平稳定提供了力量。习近平总书记指出：要"建

---

① 参见《习近平新时代中国特色社会主义思想三十讲》，学习出版社2018年版，第286—287页。

设持久和平、普遍安全、共同繁荣、开放包容、清洁美丽的世界"。① 在各国关系日益密切的当下，世界各国都需要维护国际社会安全，恪守尊重主权、独立和领土完整，互不干涉内政等国际关系基本准则，深化双边和多边协作。我们需要深刻认识到，他国的威胁可能成为本国的挑战，国际社会的安全稳定越来越影响国家的安全稳定，蓄意引起冲突和战争的行为都是在危害国际社会的安全和稳定。各国需要建立起统一的战线，推进实现共同安全和普遍安全，为各国人民的安全撑起保护伞。同时，要坚持合作共赢，共同推进经济全球化的快速发展，构建开放型世界经济，运用国际社会的发展驱动力带动国内经济的飞速发展，在加强沟通、共享、交流互鉴的前提下，增强协调机制，着力解决公平公正问题，化解不必要的矛盾和冲突，促进全球化经济的健康发展。

三、完善参与全球安全治理机制，建设更高水平的平安中国

全球治理诞生于20世纪90年代的独特国际背景环境下，它的出现与全球化发展密切相关，在全球化深度和广度空前拓展的情况下，世界各国共同面临着新的风险和

---

① 《习近平谈治国理政》第四卷，外文出版社2022年版，第475页。

挑战，因此全球治理机制在当前背景下显得尤为重要。作为世界第二大经济体，中国能够在全球治理中发挥引领作用，为应对显著增加的不确定风险、践行新的安全理念、促进国际安全，需要完善参与全球安全治理机制。当前全球经济增长动能不足，贫富差距和南北差距更加突出，各国联系和依存关系日益加深，现行的全球治理体系理论化水平较低，已经跟不上时代发展、不适应现实的发展需求了，全球治理在构成、合作方式、领导权和增强有效性等方面需要继续改进。①推动全球治理体系朝着更为合理有效的方向发展，符合世界各国的普遍需求。习近平总书记指出："中国秉持共商共建共享的全球治理观，倡导国际关系民主化，坚持国家不分大小、强弱、贫富一律平等，支持联合国发挥积极作用，支持广大发展中国家在国际事务中的代表性和发言权。"②联合国作为维护世界和平最重要的国际多边机制，在维护世界和平、促进人类可持续发展需求不断增加的当下，需要发挥更为重要的作用。2005年以来，在中国等发展中国家的大力支持下，联合国成立了建设和平委员会，改善和加强了与非政府组织的合作，随

---

① 参见董柞壮《国际体系转型与全球治理变革的互动机制》，博士学位论文，南开大学国际关系系，2018。
② 《习近平谈"一带一路"》，中央文献出版社2018年版，第203页。

着国际社会风险和动荡加剧，世界对联合国在和平和发展领域发挥更大作用的需求明显增加。全球治理结构的去中心化和网络化趋势是全球化发展进程中形成的相互依存、交叉合作的扁平化治理机构，网络化的治理结构需要各治理主体间采取平等、自愿的方式进行合作，而非强制性的，这意味着治理的民主化需求显著增加。① 习近平总书记指出："什么样的国际秩序和全球治理体系对世界好、对世界各国人民好，要由各国人民商量，不能由一家说了算，不能由少数人说了算。"② 全球治理的格局变化应当更加平衡和反映大多数国家的意愿和利益，中国坚定维护以联合国宪章宗旨和原则为核心的国际秩序和国际体系，积极维护国际法在全球治理中的地位和作用，推动建设和完善区域合作机制，以提高防范化解全球性风险挑战的能力。

---

① 参见石晨霞《全球治理机制的发展与中国的参与》，《太平洋学报》2014年第22期。
② 习近平：《在庆祝中国共产党成立95周年大会上的讲话》，人民出版社2016年版，第20页。

第十一个问题

如何筑牢国家安全人民防线？

党的二十大报告提出："全面加强国家安全教育，提高各级领导干部统筹发展和安全能力，增强全民国家安全意识和素养，筑牢国家安全人民防线。"[①] 国家安全人民防线并不是一个新鲜词。其早期含义受狭义的国家安全概念影响，局限在防范和打击间谍情报机关和其他敌对势力的渗透、颠覆、分裂及破坏活动。随着总体国家安全观的确立，国家安全人民防线在内涵和外延上自然也发生了变化。那么，在新时代如何理解国家安全人民防线的含义？如何筑牢国家安全人民防线？这是全面提升国家安全体系和能力的基础性工作。

[①] 习近平：《高举中国特色社会主义伟大旗帜 为全面建设社会主义现代化国家而团结奋斗——在中国共产党第二十次全国代表大会上的报告》，人民出版社2022年版，第53—54页。

一、国家安全人民防线的新含义

防线本身是个战争词汇，是战争中防范敌方入侵、保卫己方安全的防御工事。在国家安全上，人民防线与人民战争相得益彰，放在一起更好理解。在应对新冠疫情时，习近平总书记指出，"紧紧依靠人民群众，坚决把疫情扩散蔓延势头遏制住，坚决打赢疫情防控的人民战争、总体战、阻击战"①。在应对生物安全时，习近平总书记强调："要夯实联防联控、群防群控的基层基础，打好生物安全风险防控人民战争。"②在应对重大自然灾害、扫黑除恶斗争中，我们也常常看到打好人民战争的表述。这些表述意在突出人民群众在应对威胁中的重要作用。其实，早在革命战争时期，陈毅就曾动情地说："淮海战役的胜利，是人民群众用小车推出来的。"这一论述形象地指明了人民群众对革命战争取得胜利的决定性影响。

在和平发展时期，普通群众身上也蕴含着无比强大的公共安全力量。今天中国国家安全所面对的虽然不仅是传统的军事战争威胁，但在非传统安全中，不少威胁应对离不开人民群众的广泛参与。这是党的"从群众中来，到群

---

① 《习近平关于统筹疫情防控和经济社会发展重要论述选编》，中央文献出版社2020年版，第55页。

② 《习近平谈治国理政》第四卷，外文出版社2022年版，第400页。

众中去，一切为了群众，一切依靠群众"的群众路线在国家安全领域的生动体现。习近平总书记强调："要坚持国家安全一切为了人民、一切依靠人民，动员全党全社会共同努力，汇聚起维护国家安全的强大力量，夯实国家安全的社会基础，防范化解各类安全风险，不断提高人民群众的安全感、幸福感。"[1]国家安全的社会基础正是国家安全人民防线所在。

因此，我们认为，国家安全人民防线正是指在维护国家安全中，发挥人民群众的积极性和创造性，共同应对威胁国家安全的重大风险挑战时形成的，以人民群众为主体的安全格局。国家安全人民防线是新安全格局的基础性工程。民心是最大的政治。维护国家安全，既要始终以人民群众安全需求为导向，满足人民群众日益增加的安全需求，更需要依靠全体人民的共同努力，编织全方位、立体化的国家安全网。迈上以中国式现代化全面推进中华民族伟大复兴新征程，必须始终坚持人民至上、生命至上，紧紧依靠人民、广泛发动人民，充分发挥人民群众在维护公共安全中的主体作用，切实筑牢联防联控、群防群治的严密防线，有力有序有效防范化解重大风险，不断增强人民

---

[1] 《习近平关于总体国家安全观论述摘编》，中央文献出版社2018年版，第10—11页。

群众的获得感、幸福感、安全感。

二、筑牢国家安全人民防线的三项基础性工程

经过长期不懈努力，我国迈上了全面建设社会主义现代化国家、向第二个百年奋斗目标进军的新征程。国家安全事关百姓生命、健康、财产安全，是与人民群众最密切，也是人民群众感受最强烈的。当前和今后一个时期，我国发展已经进入战略机遇和风险挑战并存、不确定难预料因素增多的时期，我国国家安全面临的威胁和挑战明显增多，人民群众对国家安全有新的更高期盼，维护国家安全的任务更为紧迫、更加艰巨。在新时代新征程上继续推进国家安全事业发展，增强发展的安全性和稳定性，必须坚持群众观点和群众路线，筑牢国家安全人民防线，夯实国家安全的社会基础。

第一，加强基层政权国家安全治理能力，为人民防线提供最基本的组织支撑。基层处在国家安全最前沿，是国家安全的根基所在，也是处置安全事件最敏感、最迅速的力量。习近平总书记对基层工作非常重视，对基层安全治理有着深入的认识，指出："要加强和创新基层社会治理，坚持和完善新时代'枫桥经验'，加强城乡社区建设，强化网格化管理和服务，完善社会矛盾纠纷多元预防调

处化解综合机制，切实把矛盾化解在基层，维护好社会稳定。"①2021年，中共中央、国务院发布的《关于加强基层治理体系和治理能力现代化建设的意见》提出，增强乡镇（街道）应急管理能力和平安建设能力。基层政权国家安全能力建设对国家安全人民防线建设有着基本的组织保障功能。

新征程上进一步筑牢国家安全人民防线，必须把基层一线作为主战场，坚持重心下移、力量下沉、保障下倾，夯实国家安全治理的政权基础。其一，加快组建以基层党组织成员、村（居）民委员会成员、社区专职工作人员为骨干，乡镇（街道）派驻人员、机关和企事业单位下沉人员、其他社区服务人员、社区志愿者、驻社区单位代表、社区居民代表等组成的基层应急管理组织体制，完善应急预案、应急准备、应急演练、风险研判、事件调查与复盘学习等各方面体制机制。其二，通过"扩权赋能"改革，依法赋予并规范管理乡镇（街道）综合管理权、统筹协调权和应急处置权，强化基层政权机关对涉及本区域重大决策、重大规划、重大项目的参与权和建议权，推动街乡权责相统一。目前，很多地区在做的综合行政执法改革即其中之一。其三，坚持和发展新时代"枫桥经验"，健全

---

① 《习近平谈治国理政》第四卷，外文出版社2022年版，第61页。

乡镇（街道）政法委员统筹协调工作机制，加强乡镇（街道）综治中心规范化建设，发挥其整合社会治理资源、创新社会治理方式的平台作用。其四，大力加强对基层政权组织建设的支持、监督、检查和指导，重点解决当前一些乡镇（街道）尚未建立应急管理相关机构，预警不足、职责不清、反应迟钝等问题。

第二，拓展人民群众参与安全治理渠道，为人民防线发挥作用提供良好窗口。维护国家安全离不开广大人民群众的参与和支持。在国家安全上，群众有着最真实的感受、最广泛的"覆盖"，因而有着无穷的力量。北京的"朝阳群众""海淀大妈"等主体形象深入人心。为了群众、依靠群众，走好群众路线，是新时代做好国家安全工作必须遵循的行动准则。做好国家安全治理，要高度重视调动全社会的力量，发挥群众的重要作用，拓宽人民群众参与渠道。要按照"建设人人有责、人人尽责、人人享有的社会治理共同体"的要求，将人民群众有序纳入国家安全治理大框架之中，推动国家安全治理模式从政府的"我治理"转变为全民共治的"我们治理"，从而大大提高全社会的"免疫力"。

新征程上进一步筑牢国家安全人民防线，必须坚持群众观点和群众路线，拓展人民群众参与国家安全治理的有效途径。一是拓宽人民群众参与国家安全治理的渠道，推动建立群众开展突发事件预防和应急准备的机制、鼓励群众参与国家安全预警的机制、引导公众参与灾害救助的机制、将群众纳入灾害评估与学习过程的机制等，使人民群众从被动参与转变为主动响应，使人民群众从被救助对象成为不可或缺的救援力量。二是积极引导和鼓励群众性社会组织参与国家安全治理。群众性社会组织是引领群众参与国家安全治理的重要枢纽，应加强对群众性社会组织的孵化、培育和支持，团结人民群众有序参与国家安全治理，同时避免志愿力量无序参与带来的意外后果。

第三，推进国家安全公益宣传和教育培训，为人民防线建设提质增效。宣传教育和培训是国家安全治理的基础工作，是增强全社会安全意识和应急能力的重要途径。通过以多种形式宣传普及各类防灾避险知识、技能，组织群众排查和识别身边的风险隐患，开展培训和实战性演练，有利于提高群众的风险意识和应急自救避险能力，帮助群众在紧急情况下迅速避灾避险，推动完善国家安全治理的预案、储备物资和工作机制。[①]

新征程上进一步做好国家安全治理工作，筑牢国家

---

① 参见洪毅《坚持"两个至上"、筑牢公共安全人民防线》，《中国应急管理科学》2023 年第 1 期。

安全人民防线，必须加强公益宣传和教育培训，营造"人人关注安全、重视安全、参与安全"的良好社会氛围。一是完善公民国家安全教育体系，把国家安全教育纳入国民教育和精神文明建设体系，推动国家安全教育进企业、进农村、进社区、进学校、进家庭，进一步增强公众风险防范意识、安全应急意识和自救互救能力。二是广泛开展国家安全公益宣传，加强新媒体新技术在国家安全公益宣传的运用，充分发挥新闻媒体传播迅速、覆盖面广、影响力大、服务性强的独特优势，引导全社会将国家安全内化为自觉观念、外化为自觉行动，让"生命至上、安全第一"的理念深入人心。

第十二个问题

如何确保新安全格局中领导体制的权威高效？

新安全格局是新发展格局的重要前提与保障。加快构建以国内大循环为主体、国内国际双循环相互促进的新发展格局，是以习近平同志为核心的党中央审时度势作出的重大决策，是一项关系我国发展全局的重大战略任务。要实现这项战略任务，保障人民的发展利益，必须改变维护传统安全的思维定势，树立维护国家综合安全和战略利益拓展的思想观念，必须统筹维护国家安全的各类要素、各个领域、各方资源、各种手段，加快构建与新发展格局相适应的新安全格局，以高水平安全保证高质量发展。而这需要权威高效的领导体制来举旗定向、总揽全局、协调各方。

一、构建新安全格局必须坚持党的绝对领导

构建新安全格局必须坚持党的绝对领导,这是不能动摇的政治原则。其中,有三重逻辑支撑。

其一,从政治逻辑来看,中国特色社会主义进入新时代以来,中国政治文明发展的重要成果之一是:全面加强党的领导,明确中国特色社会主义最本质的特征是中国共产党领导,中国特色社会主义制度的最大优势是中国共产党领导,中国共产党是最高政治领导力量,坚持党中央集中统一领导是最高政治原则。[①]

其二,从治理逻辑来看,中国共产党这个政治领导力量自新中国建立之后,就遵从现代国家建设的两个内在逻辑要求——制度化与一体化,[②]有组织地嵌入国家治理体系的方方面面,全方位推动其有效运行。在组织架构上,中国的国家治理体系是由众多子系统构成的复杂系统,包括人大、政府、政协、法院、检察院、军队,各民主党派和无党派人士,各企事业单位,工会、共青团、妇联等群团组织。在这个系统中,党是领导一切的,通过各个领域各

---

① 参见习近平《高举中国特色社会主义伟大旗帜 为全面建设社会主义现代化国家而团结奋斗——在中国共产党第二十次全国代表大会上的报告》,人民出版社2022年版,第6页。

② 参见林尚立等《新中国政党制度研究》,上海人民出版社2009年版,第6页。

个层级的党组织来领导和推动子系统的运转,并形成与整体系统的协调。在国家治理体系的棋局中,党中央是坐镇中军帐的"帅",指挥车马炮各展其长,把党的领导落实到国家治理各领域各方面各环节。

其三,从目标逻辑来看,为新发展格局保驾护航,为人民的发展利益提供坚实基础,必须实现高水平安全。而实现高水平安全,是一项全局性工程、系统性工程。没有实现"总揽全局、协调各方"的领导力量,没有"一体化"意识和"一盘棋"思想,新安全格局就无从谈起。如果"出现了各自为政、一盘散沙的局面,不仅我们确定的目标不能实现,而且必定会产生灾难性后果"①。

推进国家安全体系和能力现代化,构建与新发展格局相适应的新安全格局,必须将党的领导贯穿和落实到"维护国家安全和社会稳定"的全领域、全要素、全方位、全过程,使其更加有为、有力、有效。

二、确保新安全格局中领导体制的权威高效

确保新安全格局中领导体制的权威高效,需要从领导制度体系、工作体系、工作机制、力量布局、能力建设五

---

① 《习近平关于防范风险挑战、应对突发事件论述摘编》,中央文献出版社2020年版,第29页。

个方面着力。

第一,健全党对新安全格局"总揽全局、协调各方"的领导制度体系。一是坚持党中央对构建新安全格局工作的集中统一领导,坚定不移贯彻中央国家安全委员会主席负责制。二是充分发挥中央国家安全委员会统筹国家总体安全事务的作用,着力在提高把握全局、谋划发展的战略能力上下功夫。

第二,完善党领导新安全格局的工作体系。一是推动国家安全法治体系、战略体系、政策体系、风险监测预警体系、国家应急管理体系不断完善。就法治体系而言,尤其要加强涉外法治工作战略布局,健全反制裁、反干涉、反"长臂管辖"机制。二是加强经济、重大基础设施、金融、网络、数据、生物、资源、核、太空、海洋等安全保障体系建设。

第三,推动党领导新安全格局的工作机制建设。"工作体制"重在解决如何界定纵向横向各板块各部门之间的关系、权力和责任问题,"工作机制"重在解决工作体系内各环节之间的连接畅通运行问题。新安全格局是一个适应新发展格局要求的动态系统,在工作体制这一基础性架构建立定型后,伴随新挑战新问题新矛盾的出现,需要不断优化工作机制,以补足短板、堵住漏洞或消弭缝隙。强化新安全格局的工作协调机制，重点在于完善重要专项协调指挥体系，健全国家安全审查和监管制度，加强危机管控机制等制度机制建设。其根本要求是，形成集中领导、统一指挥、功能齐全、责任明确、信息畅通、反应快捷、运转高效的机制。在应对各类安全事件中，能集防、抗、救、建等于一体，形成最强最有效的合力。

第四，强化党领导新安全格局的安全力量布局。一方面，要对全国面临的各类安全问题，分区域进行重点类型划分、历史破坏情况分析、队伍和物资准备摸底、社会安全感调查，在此基础上，进行风险评估，通过风险评估结果，进行不同安全等级划分，并依此优化安全力量布局。科学合理的安全力量布局，有助于在重大危机时刻，处置力量、保障力量、技术力量、重要装备力量迅速就位，满足兵贵神速、有粮不慌、有牌可打的需求，最大限度防范"远水解不了近渴"的问题。另一方面，要强化安全力量之间的互补和支撑作用。要在党的领导下，建立安全力量之间的联动机制，形成全域联动、立体高效的国家安全力量防护体系。

第五，强化党领导新安全格局维护政治安全的能力建设。国家安全是民族复兴的根基，社会稳定是国家强盛的前提。构建新安全格局的根本目的是维护国家安全和社会稳定。其宗旨是坚持人民安全，根本是维护政治安全。没有政治安全，就没有政权安全和制度安全，也奢谈国家安全和社会稳定，更无法保障人民安全。因此，确保党领导新安全格局的权威性，必须以政治安全为重点。一方面，要坚定不移贯彻总体国家安全观，用理论武装和理论清醒来强化国家安全意识和责任自觉，把维护国家安全贯穿于党和国家工作各方面、全过程；另一方面，要严密防范和严厉打击敌对势力的渗透、破坏、颠覆和分裂活动，深入开展反恐怖斗争，提升网络意识形态斗争能力，坚定维护国家政权安全、制度安全和意识形态安全。

第十三个问题

新安全格局如何处理好开放与安全的关系？

党的二十大报告对"推进高水平对外开放"进行了专节部署。实行高水平对外开放，必须坚持实施更大范围、更宽领域、更深层次对外开放。越是开放越要重视安全，统筹好发展和安全两件大事，增强自身竞争能力、开放监管能力、风险防控能力。因此，如何更好把握开放和安全的关系，在统筹发展和安全中积极谋划对外开放，是摆在我们面前的重大课题，需要加深认识、形成共识。

一、高水平对外开放是实现高质量发展的重要保障

对外开放是我国的基本国策，是实现我国高质量发展的重要组成部分，为高质量发展提供持续助力。高水平开

放有利于促改革、促发展、促创新,不仅推动我国经济发展、提高社会福利水平,还有助于我国实现国家治理体系和治理能力现代化。40多年来,改革开放为经济社会繁荣稳定作出了积极贡献,成绩有目共睹。党的十八大以来,我国不断推动高水平对外开放,稳步推进外商投资管理制度改革,建立外商投资信息报告制度,大幅提升外商投资便利化程度。2020年中央经济工作会议强调要"全面推进改革开放""实行高水平对外开放"。2021年中央经济工作会议提出,以高水平开放促进深层次改革、推动高质量发展,扩大高水平对外开放,推动制度型开放。2022年中央经济工作会议提出,推进高水平对外开放,稳步扩大规则、规制、管理、标准等制度型开放,扩大市场准入,加大现代服务业领域开放力度。展望未来,持续优化营商环境的决心不会变,积极促进外商投资的态度不会变;中国开放的大门不仅不会关闭,相反,只会越开越大。

二、高水平对外开放对安全网建设提出更高要求

为统筹积极促进外商投资和有效维护国家安全,《中华人民共和国外商投资法》规定国家建立外商投资安全审查制度,对影响或可能影响国家安全的外商投资进行安全

审查。随着我国金融业开放步伐加快，我们采取合理的宏观审慎监管政策，提升跨境资本流动管理的有效性，既有效防范化解了金融风险，又为经济高质量发展提供了支撑。只有在监管到位的情况下，金融业对外开放才能起到促改革、促发展的作用。要积极谋划对外开放各项措施，同时要大力提升国内监管能力和水平，完善安全审查机制，重视运用国际通行规则维护国家安全。2020年12月19日，我国正式发布《外商投资安全审查办法》。外商投资安全审查是国际通行的外资管理制度，在平衡经济利益和维护国家安全方面发挥重要作用。出台安全审查办法不是搞保护主义，更不是开放倒退，而是适应推动形成全面开放新格局的需要，健全对外开放安全保障体系，在积极促进和保护外商投资的同时有效预防和化解国家安全风险，为更高水平对外开放保驾护航。实际上，近年来世界主要国家和地区陆续推出或完善外商投资安全审查制度。比如，美国出台了《外资风险审查现代化法》，欧盟出台了《外国直接投资框架条例》，澳大利亚出台了《外商投资改革法》，德国、日本分别修订了《对外贸易和支付法》《外汇与外贸法》，英国正在制订《国家安全和投资法》。没有安全保障的开放不可持续，只有把防控安全风险的篱笆扎得更密更牢，才能为新一轮对外开放奠定坚实基础，才能更好实施更大范围、更宽领域、更深层次的开放。

三、高水平对外开放也是提高国家安全实力的有效途径

发展是解决我国一切问题的基础和关键，也是维护国家安全的基础和关键。近年来，全球化遭遇逆流，民粹主义、排外主义、单边主义、保护主义等思潮盛行，世纪疫情让全球经济形势更加严峻。毋庸置疑，在当前我国乘势而上开启全面建设社会主义现代化国家新征程、向第二个百年奋斗目标进军的关键时期，世界百年未有之大变局正加速演进，随着我国经济发展质量的不断提高和经济总量的进一步扩大，大国博弈将更加激烈，各类矛盾和风险易发，各种可以预见和难以预见的风险因素明显增多，国家安全所面临的压力将持续处于高位。发展环境越是严峻复杂，越要坚持统筹发展和安全，在安全中促发展、在发展中保安全。习近平总书记指出："融入世界经济是历史大方向，中国经济要发展，就要敢于到世界市场的汪洋大海中去游泳，如果永远不敢到大海中去经风雨、见世面，总有一天会在大海中溺水而亡。所以，中国勇敢迈向了世界市场。在这个过程中，我们呛过水，遇到过漩涡，遇到过风浪，但我们在游泳中学会了游泳。这是正确的战略抉

择。"① 因此，越是风高浪急，越要大力推进高水平对外开放。当前的各种压力和挑战对我国国家治理体系和治理能力来说是个大考，又是我国逆势而上、对外开放成绩斐然的机遇。诸多成绩，无疑有利于我国坚决维护多边体制和贸易自由化，团结维护世界和平的进步力量，在与单边主义、保护主义和逆全球化思潮的斗争中赢得更大的发展空间。通过对外开放壮大自己，将使我国的政治安全、经济安全实力更加雄厚。

---

① 《习近平谈"一带一路"》，中央文献出版社 2018 年版，第 151 页。

第十四个问题

为什么要严密防范系统性风险？

党的二十大报告中指出："万事万物是相互联系、相互依存的。只有用普遍联系的、全面系统的、发展变化的观点观察事物，才能把握事物发展规律。"① 随着社会系统的复杂性不断增强、数字化技术和物联网的快速应用，我们所生存生活的环境逐渐成为一个相互交织、相互联动的复杂系统，在这样的环境下，风险的爆发具有了连锁性、系统性和非线性特征。防范系统性风险，要知悉其发生发展规律，运用其演化规律提升风险的预防和抵御能力。

---

① 习近平：《高举中国特色社会主义伟大旗帜 为全面建设社会主义现代化国家而团结奋斗——在中国共产党第二十次全国代表大会上的报告》，人民出版社2022年版，第20页。

一、社会系统的复杂性为系统性风险的孕育提供了温床

系统性风险的概念源于金融领域的风险。2003年，经济合作与发展组织（Organization for Economic Cooperation and Development，简称OECD）发表的《新兴的系统性风险：一个行动日程》（*Emerging Risk in the 21st Century: An Agenda for Action*）中将系统性风险作为新兴风险的主要形态之一。[①] 随着数字化平台、互联网、数字经济等科技的引领和发展，人类参与社会构造的活动越来越多，人类社会的复杂度不断增强，复杂的相互作用造就了系统中的连锁反应，也为风险的放大提供了温床，从而导致某个不起眼的寻常错误，最终演变成一个足以影响整个系统的危机的过程。系统性风险已不再仅存于金融系统当中，人类生产生活所构成的大大小小的社会系统中同样具有系统性风险。由于人类活动之间以及人类活动与环境之间的相互作用，人类所塑造的社会系统成为一个典型的复杂自适应系统（complex adaptive system, CAS）。遗传算法之父约翰·H.霍兰（John H. Holland）在《隐秩序：适应性造就复杂性》

---

① 参见张海波《中国第四代应急管理体系：逻辑与框架》，《中国行政管理》2022年第4期；OECD. *Emerging Risk in the 21st Century: An Agenda for Action*. Paris: OECD Publications, 2003。

中详细描述了复杂自适应系统的典型特征,[①]一个典型的复杂自适应系统必然包含多样性的主体、主体间的相互作用,以及主体因目标而产生的适应性。主体的多样性代表了相互作用的多样性,相互作用的存在为主体产生适应性提供了条件。社会系统所遭受的每一次灾害冲击,都会促使社会系统产生新的适应性行为以适应环境中的新变化。对于社会系统中的每个人而言,他们在不断地与其他人和环境进行着丰富的信息交互,在信息交互过程中,他们会不断地调整自己的行为和状态以顺应环境的变化,从而确保自身能够在系统中得到进一步的发展。在多主体相互作用影响下,扭曲的因果关系应运而生,自上而下的政策实施总是会面临各种各样的问题,过多的复杂因素干扰了政策实施的效能,呈现出部分之和大于整体的非线性特性,即政策实施所面临的问题要比预想的多得多(原因与结果不对等)。运筹学理论家拉塞尔·阿克夫表示:"管理者所遇到的问题通常都不是彼此孤立的,而是相互影响、动态变化的,尤其是在由一系列复杂系统构成的动态情境之中。在这种情况下,管理者不能只是解决问题,而应善于管理混乱的局势。"与生物系统的自适应性不同的是,社会系统的

[①] 参见约翰·H.霍兰《隐秩序:适应性造就复杂性》,上海科技教育出版社2019年版。

自适应性是可以被引导的。罗家德在《复杂治理》中写道："组织确实是自然演化的，但演化又是可能被引导的。"管理者可以通过顶层设计、文化道德等社会规则引导组织的演化方向，但却不能完全忽视社会系统中主体的适应性行为。这样既保障了自然演化下的灵活创新，又通过顶层设计避免了系统过度混乱的局面。面对现有的社会风险治理形势，系统性地思考，能够让我们发现问题的本质，并看到问题解决方案的多种可能，从而更好地实现管理。

二、系统性风险的存在增加了社会风险治理的不确定性

社会系统可以看作是容纳多主体及其相互作用的大集体，人们通过相互作用充分发挥系统的网络效应，实现生产力及经济的快速发展。然而系统内相互作用的增多，也会促使社会系统的动态复杂性增强，风险因素通过相互作用同样得到了潜移默化的放大。因此，习近平总书记一再强调："要健全风险防范化解机制，坚持从源头上防范化解重大安全风险，真正把问题解决在萌芽之时、成灾之前。"[1] 然而，由于系统中动态复杂性和扭曲因果关系的存

---

[1] 《习近平关于防范风险挑战、应对突发事件论述摘编》，中央文献出版社 2020 年版，第 199 页

在，社会系统性风险具有显著的不确定性。系统性风险的不确定性主要体现在以下三个方面。

第一，系统性风险被放大的轨迹很难被及时地捕捉到。风险因素在被放大之前很难被注意到，并且由于系统放大效应的存在，风险因素的演化过程通常是"隐性"的，直到某些相互作用的共同刺激，被放大到一定程度的风险就会爆发形成灾害，产生 1+1>2 的效果。

第二，系统性风险可能源于人们对局部风险的抑制。人们天生追求确定性、厌恶不确定性，当人们发现局部风险后，总是会想着消除或抑制风险得到确定性的安全，但由于社会系统相互作用的存在，人们所实施的安全措施本身就是对社会系统的一种干预，而这种干预的影响会在社会系统相互作用的影响下被放大。这种影响可能是负面的，负面的影响在系统演化中被放大直到促成新的风险在新的领域产生新的灾害。例如，人们由于担心核事故从而减少了对核能的利用，转而大量使用天然气和煤炭等能源，这些能源的碳排放量相较于核能更高，从而造成一定的空气污染；而空气污染又会引发气候变化，气候变化又会引发强降雨、台风等极端天气的多发，从而造成更多灾难和损失。

第三，人们塑造的安全环境增加了人们面临风险的概率。格雷格·伊普（Greg Ip）在其著作《源风险：为什么越安全的决策越危险》一书中提到："一旦周围环境看起来更加安全，各种系统就会容许更多风险的存在。"①一部分原因是第二条中提到的安全措施所引发的抵消行为，还有一部分原因源于人们受安全环境的影响会提高自身的风险偏好，做出更为冒险的行为，从而增大损失。格雷格·伊普在其著作中举了这样一个例子：密西西比州的帕斯克里斯琴度假小镇内有一块地方先后经历了1969年的卡米拉飓风、2005年的卡特里娜飓风，然而每次飓风过后这个地方总会重建出新的购物中心或公寓大楼。人们为追求经济的增长，在安全环境的影响下可能会增加其风险偏好。这种现象也被风险专家霍华德·昆鲁斯（Howard Kunreuther）称为灾害短视（disaster myopia）。另有一部分原因是安全的环境促使人们逐渐忘记了风险的刺激，当灾害来临时表现得措手不及。前文提到过社会系统是一个复杂的自适应系统，它对外界环境的适应源于外界环境的刺激，当我们把这种刺激渠道完全切断时，我们便不再具备对环境的敏感性和适应性，没有再进行新的学习和进化，当环境刺激冲破我们所设计的安全防线时，我们的应对就

---

① 格雷格·伊普：《源风险：为什么越安全的决策越危险》，广东人民出版社2018年版，第4页。

会显得措手不及。

著名学术研究者纳西姆·尼古拉斯·塔勒布（Nassim Nicholas Taleb）在其畅销书《反脆弱：从不确定性中受益》中提到："反脆弱性的产生是有条件的。压力源的刺激频率非常重要。"① 持续且微弱的刺激能够促使社会系统保持敏感性和对环境变化的适应性，而急性刺激可能会给系统造成巨大的损失。这些因素都增加了系统性风险的不确定性。因此，应对系统性风险的不确定性，需要我们改变现有的应对"灰犀牛"事件的思路和做法，提高应对"黑天鹅"事件的技能和手段。

三、社会治理需要严密防范系统性风险

美国麻省理工学院教授、著名系统思考专家约翰·斯特曼（John Sterman）的研究表明，人们用来指导自己决策的心智模式，在应对系统的动态行为方面具有天生的缺陷。人们进行思考的方式通常是基于事件因果关系的线性思维，而非具有回路和反馈的非线性思维，这导致人们通常会忽略掉事件对系统内其他要素的影响。② 而我们的社

---

① 纳西姆·尼古拉斯·塔勒布：《反脆弱：从不确定性中受益》，中信出版社2014年版，第28页。
② 参见德内拉·梅多斯《系统之美：决策者的系统思考》，浙江人民出版社2012年版。

会已经变得越来越复杂,线性思考和强制性干预已经不适用于现在的社会风险治理环境,党的二十大报告中明确指出,"我们要善于通过历史看现实、透过现象看本质,把握好全局和局部、当前和长远、宏观和微观、主要矛盾和次要矛盾、特殊和一般的关系"。[①] 充分认识系统性风险从量变到质变的过程,是开展社会风险治理的首要任务。发现系统内在的运行机制,要比仅解决外界刺激更能够让系统朝着期望的方向发展,尤其在社会风险治理中,我们需要认识到我们所治理的对象是风险,还是具有风险的社会系统。如果仅仅是前者,对局部风险的解决就已经完成了工作;如果是后者,仅对风险的治理并不是我们所需要的,我们需要的是通过对风险的治理来促进社会系统的发展和进步。而后者需要管理者具有更为系统的思维和思考能力,能够认识到任何干预和刺激对系统所造成的影响以及发展的可能性,并为之作出预判和应对,即认识系统规律,掌握系统规律,并运用系统规律。系统的内在运行规律往往并不复杂,我们所看到的只是其运行规律作用下的复杂现象。通常情况下改变系统中一个要素并不会影响整

---

① 习近平:《高举中国特色社会主义伟大旗帜 为全面建设社会主义现代化国家而团结奋斗——在中国共产党第二十次全国代表大会上的报告》,人民出版社2022年版,第21页。

个系统的运行,前提是这个要素的改变不会触发系统的内在运行机制。例如,有研究表明,社会关系网络具有典型的无标度特性,即帕累托定律(Pareto Principle),少数人占有着绝大多数的社会资源,而大多数人占有少数的社会资源,这个现象也被称为二八原则。研究复杂网络的研究者经常会说无标度网络具有鲁棒性(robustness)同时又具有脆弱性:如果网络中占有绝大多数资源的个体被攻击,那么只需要攻击少数个体,这个网络就崩溃了,这是它的脆弱性;如果网络中任意一个个体被攻击(占有少数资源的个体数量更多,被攻击的概率更大),那么对于这个网络而言,一个个体的消失并不会影响整个网络系统的运行,这是它的鲁棒性。社会系统同样存在这样的特点,我们只需要抽丝剥茧了解系统的构成主体、主体的相互作用以及各主体的诉求,就能够基本掌握系统的运行规律,从而运用系统的运行规律对政策的实施、风险的治理进行前瞻性的预判,更好地解决未知的危机。

总而言之,严密防范系统性风险是我们面对新的社会形态所必须做出的适应性行为之一,我们需要意识到我们所处的社会系统是动态的、变化的,且处处充满危机,如何遏制危机的爆发,避免风险的演化,需要充分运用好社会系统的运行规律,运用科学的思想方法开展社会风险治理。

第十五个问题

如何认识和完善国家安全法治体系？

法治是现代国家建设的基本要求，法治体系是维护国家安全的基础性工作。党的二十大报告在"推进国家安全体系和能力现代化，坚决维护国家安全和社会稳定"中提出健全国家安全体系，其中就包括完善国家安全法治体系。国家安全法治体系是国家安全体系的重要组成部分，也是构建新安全格局的基础性工程。全面、准确理解国家安全法治体系的含义，是新时代进一步完善国家安全法治体系的基础性工作和指引性工作。

一、以《国家安全法》为核心的国家安全法治体系

依法治国是坚持和发展中国特色社会主义的本质要求和重要保障，是实现国家治理体系和治理能力现代化的

必然要求，事关我们党执政兴国，事关人民幸福安康，事关党和国家长治久安。在2014年召开的党的十八届四中全会上，党中央提出全面推进依法治国的总目标，即建设中国特色社会主义法治体系，建设社会主义法治国家。其中法治体系包括完备的法律规范体系、高效的法治实施体系、严密的法治监督体系、有力的法治保障体系，形成完善的党内法规体系。建设社会主义法治国家要求实现"两个坚持、一个实现"，即坚持依法治国、依法执政、依法行政共同推进，坚持法治国家、法治政府、法治社会一体建设，实现科学立法、严格执法、公正司法、全民守法。可见，法治体系是一个包括立法、执法、司法、守法过程，涉及国家、政府、社会全体的整体。国家安全法治体系正是围绕实现国家安全所形成的法律规范、法律实施、法律监督、法律保障，以及党内法规等构成的体系。

国家安全法治体系是中国特色社会主义法治体系的一部分，其中国家安全法律体系又是国家安全法治体系的核心所在。我国国家安全法律体系的完善经历了一个过程，大体可以分为两个阶段。第一阶段，从1983年到2013年，国家安全法律体系的摸索和起步阶段。1983年6月，第六届全国人民代表大会第一次会议通过的《政府工作报告》中提出，我国的社会主义现代化建设，是在复杂的、动荡不安的国际环境中进行的。为了确保国家安全和加强反间谍工作，国务院提请这次大会批准成立国家安全部，以加强对国家安全工作的领导。会议决定国务院设立国家安全部，以适应新的历史时期形势发展的需要，保卫和促进社会主义现代化建设，加强反间谍工作，保障国家安全。在建立国家安全行政主管部门的基础上，1993年2月，我国通过并开始施行第一部《国家安全法》。1993年版《国家安全法》对危害国家安全行为主要关注于反颠覆、反分裂、反间谍组织、反情报。这一阶段一直持续到2013年，阶段性特征体现在从狭义上理解国家安全，将关注点集中在境外的颠覆势力、间谍组织等上，在国家安全法律体系建设上推进有限。

　　第二阶段从2013年党的十八届三中全会提出设立国家安全委员会开始，国家安全法律体系进入逐步完善、逐渐形成体系阶段。2013年党的十八届三中全会正式提出设立国家安全委员会，要求完善国家安全体制和国家安全战略，确保国家安全，国家安全法律体系建设工作进入新的阶段，安全立法进入快车道。2014年11月1日，第十二届全国人大常委会第十一次会议通过《中华人民共和国反间谍法》，其明确立法目的是防范、制止和惩治间谍行为，相应废止了1993年版狭义的《国家安全法》。2015年7月，新版的《国家安全法》由第十二届全国人大常委会第十五次会议通过。新《国家安全法》明显区别与1993年版聚焦于反间谍等内容，而将国家安全定义为国家政权、主权、统一和领土完整、人民福祉、经济社会可持续发展和国家其他重大利益相对处于没有危险和不受内外威胁的状态，以及保障持续安全状态的能力。国家安全内容的广泛性、内涵的深刻性更加凸显，也为之后的国家安全相关立法指明了方向。

自2013年党的十八届三中全会以来，国家安全立法明显加速，国家安全法律体系已初有成效。具体参见表1。这一系列新的国家安全立法，使得国家安全法律体系完善起来，为规范管理相关安全工作提供了法律支撑，也有助于推进国家安全法治化。国家安全法律体系建设具有以下特点。第一，国家安全立法范围具有广泛性。从国内看，国家安全立法强调核安全、生物安全等；从国外看，国家安全立法强调反国外制裁、境外非政府组织境内活动管理等，体现出国家安全要统筹外部安全和内部安全。第二，国家安全立法与时俱进。国家安全法治体系除了传统的国家情报安全、反恐怖主义等，也包括非传统的生物安全、数据安全、网络安全等，体现出国家安全要统筹传统安全和非传统安全。第三，国家安全法治体系不仅关注自身安全，也同样以负责任的大国态度，关注全球公共安全议题，体现出统筹自身安全和共同安全。

表1　2015年以来我国国家安全相关立法简介

立法时间	立法名称	规范内容
2015年7月1日	《中华人民共和国国家安全法》	为了维护国家安全，保卫人民民主专政的政权和中国特色社会主义制度，保护人民的根本利益，保障改革开放和社会主义现代化建设的顺利进行，实现中华民族伟大复兴
2015年12月27日	《中华人民共和国反恐怖主义法》	为了防范和惩治恐怖活动，加强反恐怖主义工作，维护国家安全、公共安全和人民生命财产安全
2016年4月28日	《中华人民共和国境外非政府组织境内活动管理法》	为了规范、引导境外非政府组织在中国境内的活动，保障其合法权益，促进交流与合作
2016年11月7日	《中华人民共和国网络安全法》	为了保障网络安全，维护网络空间主权和国家安全、社会公共利益，保护公民、法人和其他组织的合法权益，促进经济社会信息化健康发展
2017年6月27日	《中华人民共和国国家情报法》	为了加强和保障国家情报工作，维护国家安全和利益
2017年9月1日	《中华人民共和国核安全法》	为了保障核安全，预防与应对核事故，安全利用核能，保护公众和从业人员的安全与健康，保护生态环境，促进经济社会可持续发展

续表

立法时间	立法名称	规范内容
2020年6月30日	《中华人民共和国香港特别行政区维护国家安全法》	为坚定不移并全面准确贯彻"一国两制"、"港人治港"、高度自治的方针，维护国家安全，防范、制止和惩治与香港特别行政区有关的分裂国家、颠覆国家政权、组织实施恐怖活动和勾结外国或者境外势力危害国家安全等犯罪，保持香港特别行政区的繁荣和稳定，保障香港特别行政区居民的合法权益
2020年10月17日	《中华人民共和国生物安全法》	为了维护国家安全，防范和应对生物安全风险，保障人民生命健康，保护生物资源和生态环境，促进生物技术健康发展，推动构建人类命运共同体，实现人与自然和谐共生
2021年6月10日	《中华人民共和国数据安全法》	为了规范数据处理活动，保障数据安全，促进数据开发利用，保护个人、组织的合法权益，维护国家主权、安全和发展利益
2021年6月10日	《中华人民共和国反外国制裁法》	为了维护国家主权、安全、发展利益，保护我国公民、组织的合法权益
2021年8月20日	《中华人民共和国个人信息保护法》	为了保护个人信息权益，规范个人信息处理活动，促进个人信息合理利用

在中国特色社会主义制度下，法治体系建设不仅体现在法律体系上，更体现在党内法规体系与党中央领导国家安全体制上。党的二十大报告强调，坚持党中央对国家安全工作的集中统一领导，完善高效权威的国家安全领导体制。早在 2014 年 1 月 24 日，中央国家安全委员会正式成立，习近平任中央国家安全委员会主席，党中央领导国家安全体制得到显著加强。同年 4 月 15 日，中央国家安全委员会主持召开了第一次会议，习近平总书记发表重要讲话，提出坚持总体国家安全观，走出一条中国特色国家安全道路。2015 年 1 月 23 日，中共中央政治局召开会议，审议通过《国家安全战略纲要》。2016 年 12 月，中共中央政治局审议通过《关于加强国家安全工作的意见》。2018 年 4 月，在十九届中央国家安全委员会第一次会议上，审议通过了《党委（党组）国家安全责任制规定》，明确了各级党委（党组）维护国家安全的主体责任，要求各级党委（党组）加强对履行国家安全职责的督促检查，确保党中央关于国家安全工作的决策部署落到实处。2021 年 11 月，中共中央政治局召开会议，审议通过《国家安全战略（2021—2025 年）》，这也是新时代以来形成的第二份国家安全战略，并明确了五年周期，为国家安全战略周期化、制度化、稳定化打下了基础。

国家安全法治体系并非国家安全法律文本和党内法规的简单相加,尽管这两者具有基础性作用。国家安全法治体系,核心在于"法治"和"体系"两个概念。我们认为,国家安全法治体系是指在党中央坚强有力领导体制下,以《国家安全法》为核心,依靠系统完备的法律体系和党内法规体系,形成的依法治理国家安全事务的权力分配与运作状态。

二、完善国家安全法治体系的优化路径

国家安全法治体系建设经过新时代十年的稳步发展,已经具有一定系统性、集成性,成为维护我国国家安全的一项基础支撑。国家安全法治体系建设没有完成时,只有进行时。回顾过去、展望未来,尤其是在中华民族伟大复兴的战略全局和世界百年未有之大变局的背景下,完善国家安全法治体系仍然任重道远。可从以下几个方面系统完善国家安全法治体系。

第一,根据国家安全面临的新情况、新问题,持续推动重要领域国家安全的立法,从整体上加强国家安全法律体系建设。一是以《国家安全法》为重点,全面梳理和推动国家安全重要领域的立法,高度重视对新兴领域、前沿领域的立法,包括核心科技安全、人工智能安全、太空

安全、深海安全等具有新兴战略意义领域的安全立法。这些是国际竞争的热点，也是中西利益博弈的焦点。要下好先手棋，打好主动仗，积极推进相关国家安全立法。二是对新世界格局下国家安全敏感领域的立法，包括能源安全、粮食安全、重大基础设施安全等。在世界局势动荡、地缘政治冲突、自然灾害频发的背景下，能源、粮食等初级产品重要性显著上升，能源安全、粮食安全相关立法要加强。同时，要未雨绸缪，对于反制裁、反干涉、反"长臂管辖"等领域加强立法工作，加强推演，时刻准备应对国际竞争下的风高浪急甚至惊涛骇浪。三是根据形势和发展需要，对已立法进行修订。例如，随着数字技术迅速发展，相关立法具有滞后性和不适应性，要及时进行修订。

第二，推进国家安全党内法规体系建设。中国共产党的领导是中国特色社会主义最本质的特征，"离开了党的领导，全面依法治国就难以有效推进，社会主义法治国家就建不起来"[①]。坚持全面依法治国和全面依规治党相统一，要求推进系统性的党内法规体系建设。从国家安全党内法规体系来看，目前体系仍不完整，主要依赖的是党委（党组）国家安全责任制，但相对应的国家安全党内监督、国家安全党内问责、国家安全党内分工与合作等规定还不完

[①] 《习近平谈治国理政》第四卷，外文出版社2022年版，第288页。

善。新时代新征程上，必须大力推进国家安全党内法规体系建设。

第三，强化国家安全法治实施工作。法律的权威在于实施，国家安全工作在实施中丝毫不能马虎。对执法而言，要严格国家安全执法，加强对国家安全相关法律法规执行的检查监督工作，保障国家安全工作在法治轨道上运行。这里尤其要注意对一些政治性问题与经济性问题交织的腐败案件的深入分析，防止经济利益集团捕获关键部门和个人。对司法而言，要保证国家安全公正司法，加强办理危害国家安全案件的沟通、协作与监督。对普法而言，利用国家安全日、普法下乡、普法进校园等宣传教育平台，加强对全民国家安全普法工作，提升全民安全素养和安全能力，真正能做到国家安全人人有责、人人尽责。

第四，完善国家安全法治监督体系。国家安全覆盖面广，离不开全党全军全国各族人民的参与，需要完善国家安全法治的监督体系，加强对国家安全工作的监督，发挥众人拾柴火焰高的优势。目前，2018年审议通过的《党委（党组）国家安全责任制规定》已经实施5年，国家安全责任制在实践中落实如何，还缺少评估，对存在的不足和问题还需及时查漏补缺。从查处的国家安全部原党委委员、中央纪委国家监委驻国家安全部纪检监察组原组长刘彦平案可以看到，国家安全部门还存在监督漏洞，其破坏性极其巨大，甚至造成不可挽回的国家损失，给国家安全工作造成巨大威胁。完善国家安全法治的系统性还需要加强监督体系建设，尤其是对国家安全相关部门的监督，坚决防止"灯下黑"问题。

第十六个问题

如何提高公共安全治理水平?

"提高公共安全治理水平",是习近平总书记关于安全生产、防灾减灾救灾、食品药品安全监管、城市安全运行等领域重要论述的根本要求,其出发点和落脚点在于:"公共安全是最基本的民生",要维护好人民群众的安全利益;"发展不能以牺牲人的生命为代价"[①],要努力减少公共安全事件对人民群众生命健康的威胁。

党的二十大报告在"推进国家安全体系和能力现代化,坚决维护国家安全和社会稳定"一章中,对"提高公共安全治理水平"作出专门部署,重点在"2+2+2"三个方面。第一个"2",指"防范与应急"两个工作环节:"防范"强调理念树立、框架建立、体系完善和模式转型;

---

① 《习近平关于防范风险挑战、应对突发事件论述摘编》,中央文献出版社2020年版,第185页。

"应急"强调提高突发事件处置的保障能力和应急力量的区域布局。第二个"2",指"日常监管与专项整治"两个工作板块:"日常监管"包括食品药品及安全生产领域的重点行业、重点领域监管等;"专项整治"主要是推进安全生产领域专项整治。第三个"2",指"生物安全监管预警防控体系"和"加强个人信息保护"两方面内容。为了精准把握工作着力点,这里聚焦治理理念、体系功能、模式转型、重点领域、能力建设五个方面加以重点说明。

一、坚持安全第一、预防为主的公共安全治理理念

公共安全治理与突发事件处置不同,它强调最大限度避免和减少突发事件的发生。这至少包括"常态治理"和"风险治理"两项内容。常态治理的重点是,在常规工作中全面贯彻安全发展理念,在管理权责、法规标准、科技支撑等方面不堆积老问题、不制造新问题,为建立"发展的高楼大厦"打好"安全地基";风险治理强调监测识别、预警预防,从风险源、承灾体、风险暴露等方面,把风险消灭在萌芽阶段,为"发展的高楼大厦"建立"防火避雷"设施。

从政治层面来看,"安全第一,预防为主"的理念与

中国共产党治党治国坚持的一个重大原则——"增强忧患意识,做到居安思危"一脉相承。党的十八大以来,以习近平同志为核心的党中央多次告诫全党要强化风险意识,要求各级党委、政府和领导干部切实担负起"防范化解重大风险"的政治职责,促一方发展,保一方平安。尤其是在关于"发展与平安"或者说"发展与安全"的关系上,需要全面认识和深入理解,而前提是必须消除一个观念上的误区,那就是"不要强调在目前阶段安全事故'不可避免论',必须整合一切条件、尽最大努力、以极大的责任感做好安全生产工作。抓和不抓大不一样,重视抓、认真抓和不重视抓、不认真抓大不一样。只要大家都认真抓,就可以把事故发生率和死亡率降到最低程度"[①]。凡事要坚持底线思维,既要看到成绩和机遇,更要看到短板和不足、困难和挑战,在工作上,要"从最坏处着眼,做最充分准备,朝好的方向努力,争取最好的结果"。这些对于各级党委、政府来说,既是应当担负的政治职责,也是思维方法指导。

从法律规定来看,《中华人民共和国突发事件应对法》明确规定,对于自然灾害、安全生产事故、公共卫生事

---

① 《习近平关于防范风险挑战、应对突发事件论述摘编》,中央文献出版社2020年版,第180页。

件、社会安全事件这四大类事件实行"预防为主的方针",这意味着关口前移,把工作重点放在"防"上,以降低突发事件发生后可能造成的难以挽回的生命财产损失及难以逆转的环境破坏。这一法律原则,应当作为约束性规则前伸到公共安全的常态治理和风险治理中。在常态治理中,要固底板、补短板、堵漏洞;在风险治理中,要以最敏锐的识别手段和方法,快速识别出风险,并在处理可疑但未经确凿证据证明的有害影响方面,采取"疑似从有""不怕一万就怕万一"的态度,以"最保守的防御姿态"进行预防和准备。

以上表明,无论是在政治层面审视,还是从法律维度考察,都应当坚持安全第一、预防为主的公共安全治理理念。其逻辑前提是,果断防御肯定比坐等风险发生、错失先机良机更安全,成本更低,代价更小。

二、构建大安全大应急框架,完善公共安全体系

构建大安全大应急框架是与新安全形势下满足全灾种全要素全周期的应急体系和应急能力要求相适应的一项战略任务部署。美国学者汉斯·德·斯麦特(Hans De Smet)等人提出"21世纪灾害"的概念,指出地球似乎成为一个

空前危险的生存场所，极端气象天气增多，灾害的规模、频度和破坏力都在增大。虽然知识与技术快速发展，突发事件应急管理体制和管理能力也在不断加强，但过去几十年仍有数百万人因自然或人为灾害而丧生、重伤或遭受严重的影响。"黑天鹅"事件不断发生，颠覆人们的常规认知与应对能力。人类在工业社会形成的基于辨识与预测的应急模式遭遇了空前的挑战，不能满足"21世纪灾害"本身的应对需求，而其四个基本特征值得关注：一是非线性随机出现，意味着难以发现其规律；二是不确定性，即发生的时间地点难以预估；三是超常规巨灾，规模大、破坏性强；四是频度增大，灾害处于多发上升时期。从这些灾害发生的趋势和特征来看，我们需要建构一个大安全大应急框架来应对多发频发的超大规模巨灾。

现代应急管理是一个包括减缓（mitigation）、准备（preparedness）、响应（response）、恢复（recovery）四个阶段的完整闭合流程。对于风险的减缓，单凭应急管理部一个部门难以独立完成，因为风险减缓既需要融入日常管理之中，也需要政府各个部门形成一体化合力，否则，风险会穿透每一个管理屏障形成重大灾害，让作为"下游"的应急管理部门应接不暇。从系统思维的角度看，这需要构建大安全大应急框架，重点是强化政府作为一个整体系统，在面向现代应急管理的形势和任务需求时，能从全链条全周期着眼，加强相关部门在职责上和行动上的一体性和协同性，以便在应对更大规模的灾难中，展示出更强的能力、更快的速度和更有效的成果。

三、推动公共安全治理模式向事前预防转型

推动公共安全治理模式向事前预防转型，可以从四个方面来看，其中既有理论基础，也有可行办法，更有可落实的内容。

首先，从理论认识来看，任何事件的发生都不是突然的，而是有一个酝酿、生发、显现的过程。之所以在很多情况下，人们感到意外，原因是这些事件未被充分识别，其发展规律未被充分把握，这意味着事件具有潜伏性。因此，要通过经验学习、技术手段更新、情报分享等方式，来提高风险识别和监测能力，在事件的初始发现与阻止拦截上下功夫。

其次，从事件形成的逻辑来看，任何突发事件都有因果关系，往往由相互联系的多种因素共同作用。在安全生产事故调查中，要找到事故发生的直接原因、间接原因和根本原因，将其转化为制度、法律和标准，有效防范事故发生。

再次，从事件发生的特征来看，非线性、随机性、不确定性是其重要特征，这意味着即使对于那些常规事件，比如地震、火灾、危化品爆炸、流感疫情等，我们也很难准确地判断出其发生的具体时间、地点和破坏性。为此，必须从预防入手，建构政府整体应对突发事件的体系韧性，降低全社会面对突发事件的脆弱性。这其中当然也包括强化技术赋能作用，比如在高危岗位推进"机械化换人、自动化减人"的技术改造工作。

最后，从安全观演进的角度来看，重大突发事件的发生不是所谓"神的惩罚"，也不是"宿命结果"，而是与人的行为有关，可以通过人类的努力和聪明才智得以控制。自然灾害，我们不能控制其发生，但可以控制规划、加固房屋、搬离低洼地；现代城市运行和工业系统，是一个人造系统，人类可以在风险评估、隐患排查、技术防护和管理能力等不同层面进行防控措施的设计，把发生事故的概率降到最低。

为此，要将安全第一、预防为主的公共安全治理理念贯彻到大安全大应急框架中，将其作为战略方针和原则要求指导公共安全体系的健全完善，在科技支撑、物资保障、队伍建设、指挥体系搭建、通信联络、情报共享、社会参与等多方面推动公共安全治理模式向事前预防转型。

四、加强重点行业、重点领域安全监管

重点行业涉及矿山、危化品等重点领域。一方面,要通过落实重点企业、重大工程、关键环节安全包保责任制,解决技改矿、停产矿、关闭矿等监管盲区漏洞问题;同时,组织系统力量强化重点地区、重点行业督导,包括在危化品、建筑工地、煤矿和非煤矿山、能源电力、民航、航运及燃气、民爆等领域,采取有力措施标本兼治、精准施策,严防事故发生。另一方面,要牢牢盯住涉众重大安全风险,推动各地区各单位严格落实客船游轮、大型综合体、室内游乐设施等安全防控措施,采取优化工艺、更新迭代、淘汰退出等方式稳步提升安全运行水平;同时,要高度重视非传统风险和各类新风险,协调有关部门全面排查治理仓储物流、储能设施等安全隐患,确保供应安全。

五、提高防灾减灾救灾和重大突发公共事件处置保障能力

保障能力需要在常态化准备和梯次化准备上下功夫。[1]其一,要根据灾害风险研判趋势,研究部署应对重特大灾

---

[1] 参见《中共中央宣传部举行新时代应急管理领域改革发展情况新闻发布会》,中华人民共和国应急管理部,https://www.mem.gov.cn/xw/xwfbh/2022n8y30rxwfbh/。

害应急力量准备工作，分区域、分方向统筹落实消防、军队、专业和社会等应急力量，同时明确力量编成、担负任务、专业搭配和投送批次，有效提升快速反应能力和高效救援能力。其二，加快推动先进救援装备的研发和配备，在长江、淮河流域建设大型水上工程抢险救援船舶，为洪涝灾害救援提供保障。其三，强化物资准备，尤其是联储联供、联调联保的应急保障能力。要因地制宜增加应急物资储备，满足大灾巨灾的应对需求；优化储备物资的品种、规模、分布和标准，依托国家应急资源管理平台优化物资调配，对接物流企业完善应急物流保障体系，提高合理布局、高效调用、快速到位的应急物资保障能力。其四，提高高效协同、精准救援的能力。以应急演练为平台，从实战出发，以复杂巨灾情景构建为支撑，练指挥、练协同、练战法、练保障，检验预案、锤炼队伍，提升多灾种应对、多力量联合、多技术融合的救援能力。

第十七个问题

如何完善国家应急管理体系？

国家应急管理体系是国家治理体系的重要组成部分，在党的二十大报告中，隶属第十一章"推进国家安全体系和能力现代化，坚决维护国家安全和社会稳定"中"健全国家安全体系"这一工作板块，强调"完善国家应急管理体系"。所谓"完善"，是在中国特色应急管理体系"基本建立并定型"的基础上，或者说是在作出重大组织性、结构性调整之后，着眼于系统的功能优化、运转效率、力量投放、总体效用等方面，对其短板和不足进行改进，对其长板和优势进行提升。

一、中国特色应急管理体系初步建成并取得显著成效

党的十八大以来，在"完善和发展中国特色社会主

义制度、推进国家治理体系和治理能力现代化"这一全面深化改革总目标的指引下，尤其是2018年在深化党和国家机构改革的过程中，我国应急管理体系发生了历史性变革，实现了系统性、整体性重构，其标志性成果就是，组建了应急管理部和国家综合性消防救援队伍，基本构建了中国特色应急管理体系。

如果对中国特色应急管理体系做历史追溯的话，其过程大致经历了三个阶段，即2003年非典前的分部门单灾种管理阶段，应急管理体系初步建设阶段——其标志性特征是从中央到地方的应急办成立并以"一案三制"建设为抓手，以及2018年成立应急管理部至今的应急管理体系新发展阶段。这三个阶段逐步迭代，塑造并形成了与新时代大国应急管理需求相匹配的基础性制度体系。这一体系的基本特征表现在四个方面：一是坚持和加强党对应急管理工作的全面领导；二是强化应急工作的综合管理、全过程管理和力量资源的优化管理；三是基本形成了统一指挥、专常兼备、反应灵敏、上下联动的运行机制；四是初步建立了风险会商研判、防范救援救灾一体化、扁平化应急指挥等工作机制。

与此同时，在这一体系的支撑下，国家综合应急管理能力得到大幅提升。一是国家综合性消防救援队伍，围绕全灾种、大应急加快转型升级，组建了包括水域、山岳、地震等专业队伍在内的3500余支力量，并研发配备了先进的技术装备，提升了现代化综合救援能力。二是全面建成国家、省、市、县四级贯通的应急指挥信息网和自上而下的应急指挥平台体系，但凡发生重大灾情险情，可以直接进行现场视频指挥调度。三是对危化品重大危险源、煤矿等实行全面联网监测，运用大数据提升安全保障能力。四是强化重大安全风险防控能力。推动应急管理关口前移，统筹实施自然灾害防治九项重点工程，组织开展第一次全国自然灾害综合风险普查，实施地震易发区房屋设施加固工程，提升了灾害防治能力。与此同时，推进安全生产执法改革，开展安全生产专项整治三年行动和重点行业领域专项整治，强化标本兼治，提升本质安全水平。

中国特色应急管理体系的初步建成及运转取得了显著成效。统计数据显示，2021年生产安全事故起数和死亡人数与2012年相比，分别下降56.8%和45.9%，事故总量连续10年实现持续下降。2013—2021年，全国年均因自然灾害死亡失踪人数、倒塌房屋数量、直接经济损失占GDP比重，较2000—2012年均值分别下降87.2%、87.4%、61.7%。

二、新时代新征程需要进一步完善国家应急管理体系

中国特色应急管理体系的初步建成，为应急管理工作奠定了系统性、科学性和规范性基础，在实践过程中，也体现出充分的效率和效用。但同时也应看到，进入新时代新征程，尤其是在我国发展进入战略机遇和风险挑战并存、不确定难预料因素增多的时期，各种"黑天鹅""灰犀牛"事件随时可能发生，自然灾害、安全生产事故、公共卫生事件、社会安全事件高度关联，各领域风险叠加、传导、放大、共振性增强，对于完善国家应急管理体系提出新的要求。为此，需要在以下几个方面着力。

第一，健全国家应急管理体系领导体制。领导体制担负着国家应急管理体系高效运转的决策指挥功能。统一完备、科学合理的领导体制，能够为防范和处置突发事件提供坚强的政治保障和领导力量。健全国家应急管理领导体制，需要在以下三方面着力。一是全面加强党的集中统一领导，增强中央在顶层设计、规划布局、统筹协调、整体推进、督促落实等方面的职责，更好地发挥指导协调作用。二是发挥应急管理的综合优势以及自然资源、气象、水利、生态环境、交通运输、住房城乡建设、卫生健康、公安等

相关部门的专业优势,同时,要更好地发挥各级应急管理议事协调机构的牵头抓总作用。三是进一步理顺中央和地方职责关系,充分发挥中央和地方二者积极性。一方面,要发挥中央相关部门对于重大突发事件的灾前防范指导、灾中协调救援、灾后救助支持等作用。另一方面,要细化"分级负责、属地管理为主"的原则,进一步强化地方在突发事件应对中的主体意识、主体责任和主体作用。①

第二,优化国家应急管理体系运行机制。突发事件,从过程的角度来看,有一个酝酿、发生、发展和结束的"生命周期",按先后顺序,可概括为事前、事发、事中、事后等不同阶段。相应地,突发事件应对活动可划分为预防与准备、监测与预警、处置与救援、恢复与重建四个流程。显然,这是一个涉及不同工作环节的全链条管理过程。应急管理要最大限度实现事前"无急要应"、事中"有急能应"、事后"应后能进"、总体"无灾"或"大灾小害",就必须优化运行机制,推动其灵敏高效运转。这离不开其各个工作环节及相关责任部门之间的无缝衔接,因此,需要进一步磨合机制,让协同更有力、联动更有序、一体化响应更灵敏。

---

① 参见李季《健全国家应急管理体系防范化解重大风险》,《行政管理改革》2020年第3期。

第三，完善国家应急管理体系法律规范。一方面，要着眼于应急管理活动中存在的制度缺失、制度冲突，以及模糊地带或缝隙地带等问题，建设完备的法治体系。从法律法规、政策文件、技术标准、应急预案等不同层次入手，为突发事件应对活动提供坚实的制度框架。另一方面，要提高法规的执行力和约束力。"徒法不能自行"，制度的生命力在于执行。要针对应急管理活动中"作选择""搞变通""打折扣"等现象，以及制度规范成为"稻草人""纸老虎""严格不起来、落实不下去"等现象，完善制度执行机制，加强对制度执行的评估和监督，让制度真正成为硬约束、硬杠杠，实现其应有的制度效能。

第四，强化国家应急管理体系资源保障。重大突发事件处置救援，犹如一场小规模战役，动辄上万人的队伍和数以亿元计的资源投入，无此，则处置救援必沦为一句空话，难以实现保护人民群众生命财产安全的目标。古语云，"兵马未动，粮草先行"，即是这一道理。人力、财力、装备、物资、通信技术和工具的储备在应急处置救援中的重要性，无须赘述。我们要做的，就是进一步强化资源保障及其准备。在这方面，应当坚持底线思维，"宁可备而无用，不可用时无备"。为此，要构建实物储备、合同储备、能力储备等多样化储备体系，完善应急资源紧急征用和跨区域调度程序，做好应对极端情况下"最高峰值"所需要的资源准备，做到"备得有、找得到、调得快、用得好"。

第五，优化国家应急管理体系社会参与。健全国家应急管理体系、维护公共安全的目的，是为了最大限度地保护公众的安全，在欧洲，这属于"公民保护"的范畴。客观来看，公众既是党委政府处置突发事件、保护其生命财产安全不受威胁的对象，也是协力合作、共同维护公共安全的主体，更是我们战胜灾难、化解危机赖以依靠的力量。因此，要充分调动公众、社会组织、社区、农村等各方面积极性，整合全社会资源，运用群防群控的力量、政企社结合的力量，形成应对突发事件的最大合力。要在继续巩固举国救灾制度优势、发挥各级党委政府坚强领导作用的同时，更好地开展全民防灾工作，提高公众的安全意识和应急能力，增强全社会的安全韧性。

第十八个问题

如何完善重要专项协调指挥体系？

随着我国应急管理水平的显著提升，我国针对一般或小型突发事件的应对能力显著提升，但针对急难险重突发事件的应对能力仍有很大的提升空间。尤其在城市规模化、社会化趋势不断加大的情况下，城市巨灾、连锁性灾害、综合型灾害发生的可能性显著增强，需要更多部门协同参与突发事件应对工作，这就使得重要专项协同指挥体系的科学建构更加迫切。

一、完善重要专项协调指挥体系是提高急难险重突发事件应对能力的必然需求

自 2003 年非典以来，我国逐渐开始重视应急管理工作，通过明确各政府部门应急管理职责、完善"一案三

制"应急管理体系建设、提出以总体国家安全观为牵引的应急管理体系,我国逐步实现了对单一灾种的有效治理,并显著降低了事故发生率。然而,虽然我们应对一般、较大事故的能力有所提升,但面对重大、特大事故等急难险重突发事件的能力仍旧有所不足。一方面原因是我们对急难险重突发事件的学习机会不够。急难险重突发事件发生概率较低,我们可学习的经验不多,虽然随着社会经济的飞速发展,"黑天鹅"事件发生概率逐渐升高,但我们仍旧处于过去应对"灰犀牛"事件的模式当中,对"黑天鹅"事件的学习仍在进程当中。另一方面原因是急难险重突发事件的不确定性明显增强。卡特里娜飓风、新冠疫情、郑州"7·20"特大暴雨等突发事件都凸显了急难险重突发事件高度不确定性的特点,这些突发事件造成的冲击和损失往往超出了人们的历史认知,这表明我们无法再根据我们所认知的、了解的灾害来界定未来灾害的发生和影响。在2011年"3·11"日本地震引发的海啸中,日本福岛核反应堆发生事故。福岛核电站本来是按照当时最强震级标准建设的,人们却没有想到更糟的情况本身就是突如其来、没有先例的。纳西姆·尼古拉斯·塔勒布在《反脆弱:从不确定性中受益》一书中称人们的这种心理缺陷为卢克莱修问题。拉丁诗人兼哲学家卢克莱修写道,只有傻瓜才会认为世界上最高的山脉就是他亲眼所见的最高的那座。① 急难险重突发事件往往是超出人们预期的，用已有的思维和经验应对不确定的风险和事件本身便是不对等的。为应对当前更为复杂的急难险重突发事件，我们也在学习中不断地产生新的思路和方法，例如通过形成基于知识交互的专家共同体实现对灾害全面充分的认识，通过构建物资流动连接的企业共同体实现对物资的灵活调配，通过借助网民共同体实现信息快速扩散和动员社会广泛参与。② 这些新的思路和方法突出的核心思想是强化突发事件应对的统筹和协调能力，增强应对不确定突发事件的韧性，这进一步要求了重要专项协调指挥体系的完善。

考虑到应对不确定的急难险重突发事件具有多主体的参与、高效的力量调配等特点，协调各指挥组织的决策和行动是保障突发事件应对有效且高效的关键。犹如应对不同突击时的排兵布阵，协调指挥体系就如同不同指挥组织单元构成的系统，在应对复杂的而非单一的突发事件时能够通过协调和协作，发挥出局部之和大于整体的力量。这里需要重点说明的是，体系与系统的概念不同，系统突出

---

① 参见纳西姆·尼古拉斯·塔勒布《反脆弱：从不确定性中受益》，中信出版社2014年版，第16—17页。
② 参见张海波《中国第四代应急管理体系：逻辑与框架》，《中国行政管理》2022年第4期。

结构的概念，而体系的构建和完善是为了保障实现目标的能力，协调指挥体系的完善就是为了实现最高效的决策指挥能力；并且考虑到集体效能的最大化，协调指挥的目的并不是为了解决局部的决策指挥问题，而是要通过协调指挥维护整个国家安全系统，并推动整个国家安全系统的发展和进步（即实现能力的演化）。除了增强不同指挥组织单元间的协作水平外，完善协调指挥体系能够与当前的危机处置现状、力量布局、行动方案等高度匹配，充分发挥各层级指挥行动方案的优势。不同层级的指挥组织单元具有其责任范围和指挥行动方案，发挥各指挥组织单元的优势，统筹和协调是必要的，这样既可以实现资源的最大化利用，又可以避免信息不对称引发的行动上的冲突。

二、完善重要专项协调指挥体系对提高指挥组织间的协作水平提出更高要求

杰伊·S.贝恩（Jay S. Bayne）在其著作《组织指挥与控制理论》（*Creating Rational Organizations Theory of Enterprise Command and Control*）中提到："必须相互合作，以便更加有效地预防和应对恐怖主义和自然灾害……发展具有协作性的指挥与控制框架，鼓励单个或可互操作的组织指挥与控制系统之间进行对话。"正如前文所叙述的，协

调指挥体系强调了对不同层级指挥组织单元的统筹以及它们之间协作能力的建设，这意味着每一个指挥组织都是独立的，却在需要时又可与其他指挥组织形成有效的协作关系，那么各指挥组织单元之间必然存在着松耦合的联系，在复杂任务实施上呈现出分布式的特点。犹如在一个完整的生产链中，任何一个环节都可以确保某个独立的零件能够被加工完成，当需要制作更多复杂的产品时，又需要各个环节有序地运作起来，不同生产环节根据任务分配生产相应的零件，并按照生产的有序性实现复杂产品的加工，协调指挥体系中所建构的分布式特点亦是如此，这样可以保证指挥概念在整个组织责任层级结构中是连贯、结构化和统一的。协调指挥体系的分布式指挥与控制模式不仅存在于同一层级的指挥组织单元之间，也存在于不同层级的指挥组织单元之间。与简单的有序的分布式架构不同的是，提高各指挥组织间的协作能力，协调指挥体系的建构还需要保障其协作的韧性。在提高体系韧性上，格雷格·伊普发现在追求安全过程中，我们为了将非预期后果带来的伤害降至最小，空间非常重要。① 纳西姆·尼古拉斯·塔勒布认为一个系统反脆弱性反应的呈现形式之一便

---

① 参见格雷格·伊普《源风险：为什么越安全的决策越危险》，广东人民出版社2018年版，第224—225页。

是冗余。[1]正如安全管理中为风险指标设定安全边界时,我们总是会将额度调得比实际边界更高一些,以预留一部分额外的空间应对无法预期到的后果的影响。因此,提升协调指挥体系的韧性,关键在于协调指挥体系容错能力的建构。

协调指挥体系容错能力的建构主要体现在两个方面。一是各指挥组织单元要明确任务执行的安全边界,并树立"底线思维"和"红线意识",为可能存在的额外风险预留空间。二是对于整个体系而言,任意指挥组织单元的缺席都不能影响到整个指挥体系的有序运作。我们需要向自然界学习,既要保留有序运作中不同层级指挥组织单元的多样性,让他们在不同的位置发挥不同的作用,也要保障具有同等或相似功能的指挥组织单元的存在,以保证有序运作链条中任意环节断裂时,可以由同等或相似功能的指挥组织单元及时替补上,从而提高应对更为广泛的威胁的能力。当然,分布式组织管理模式和容错机制的建构都需要建立在信息共享的前提下,信息共享既强调信息的高度集成(即强调强中心性),又强调各指挥组织单元对信息的充分交互和共享。因此,信息共享与协调指挥又是相辅

---

[1] 参见纳西姆·尼古拉斯·塔勒布《反脆弱:从不确定性中受益》,中信出版社 2014 年版,第 16—17 页。

相成的，信息共享为有效地协调指挥提供了支撑（即集中统筹），而完善的协调指挥框架又为信息共享提供了平台（即高效协同）。因此，提高各指挥组织单元的协作能力，完善协调指挥体系，需要同时具备分布式的合作、韧性化的容错、可实现集成的信息中心及科学的协调组织结构。

三、完善重要专项协调指挥体系需进一步优化指挥组织单元的协调组织结构

指挥与控制理论的逻辑认为，指挥与控制是要将复杂的低级别的物理过程的复杂自动化升级到高级的组织管理功能。①即让协调指挥过程也通过科学协调和运作机制具备犹如 PDCA（即计划 plan、实施 do、检查 check、处理 act 的首字母组合）管理模式一样的学习、监督和进化能力。对于一个指挥组织单元而言，这个过程隐含了分布式、协作式、交互式的指挥与控制这一去中心化的核心结构要求，即任意指挥组织单元都需具备"态势评估（信息接收）—情景构建与仿真分析（策略分析）—计划生成（策略制定）—计划执行（策略执行）"这个过程，并要根据策略执行效果进一步优化行动方案（监督学习与进化）。

---

① 参见杰伊·S.贝恩《组织指挥与控制理论》，电子工业出版社2021年版，第29—30页。

这个过程并非一步到位的，因此需要负责不同环节的功能小组强化沟通与协作，制定有效的行动方案。当需要与其他指挥组织单元协作时，对于该指挥组织单元内部而言，它只需在态势评估阶段获取包含协同的相关信息，从而作出相应的反馈，这个过程会随着态势变化反复发生，也可以称之为不同指挥组织单元之间的交互。这样的设计既保障了单个指挥组织单元的独立性，亦保障了整个协调指挥体系应对不同风险时的高扩展性和适应性。这是应对复杂多变环境时指挥决策能力提升的必然趋势，也正是由于这个特点，未来协调指挥的过程将是一个自同步、自组织的过程。为运用好各指挥组织单元的自组织力，对于整个协调指挥体系而言，其协调组织架构的设计应是松耦合网状结构的，而非紧密的层级结构。网状结构比层级结构在应对不确定风险上具有更强的韧性和适应性，网状结构中的边代表了动态的指挥关系，正如张维明等在《指挥与控制原理》中写的，未来没有严格意义上的指挥主体与指挥客体，其指挥关系是动态的……必要时要根据战场态势和作战进程的需要转换不同的角色。[①] 这意味着，松耦合关系的网状结构可以产生不同的组织结构以应对不同的威胁，同

---

① 参见张维明等《指挥控制与原理》，电子工业出版社 2021 年版，第 16 页。

时又不破坏单个指挥组织单元的独立性。此外，松耦合关系的网状结构也为创造协调指挥体系的容错机制提供了基础，并为有效的信息沟通提供了更多的渠道。

第十九个问题

如何完善新安全格局中的风险监测预警体系？

风险监测能力表示了对风险的敏感性，风险预警能力表示了对风险的响应能力，有效的风险监测和预警能够为应急处置和响应争取更多的时间。风险监测和预警体系的完善一直受到党和国家的高度关注。2003年10月，党的十六届三中全会提出："建立健全各种预警和应急机制。"2004年9月，党的十六届四中全会提出："建立健全社会预警体系，形成统一指挥、功能齐全、反应灵敏、运转高效的应急机制。"2005年10月，党的十六届五中全会提出："建立健全社会预警体系和应急救援、社会动员机制，提高处置突发性事件能力。"同时随着信息化技术的快速发展和普及，2015年5月，国家突发事件预警信息发布系统正式试运行，国家预警信息发布中心正式挂牌成立，并铺设形成了横纵向预警信息发布网络，即贯穿国家、省、市、县的纵向预警发布平台终端，以及在不同层级上，各预警信息发布机构与政府应急相关机构建立密切的连接；同时依靠各自媒体平台，政府官方也开辟了面向公众的沟通平台，预警信息公众覆盖率达到82%以上。[①] 党的二十大报告再次强调提出"强化风险监测预警体系"，作为下个阶段健全国家安全体系的重点工作部署。

一、构建多级跨域的风险监测网络，提高风险识别能力

随着社会规模的不断扩大，人类相互活动增强，社会风险种类增多，同时随着环境变化和气候变暖，极端天气和极端灾害风险增多，这对风险监测网络的布局和建设又提出了新的要求。一是风险监测网络的布局要更广。由于现代化社会风险连锁反应增加，社会规模给予了风险放大的温床，从而增大了风险事件的不确定性及动态性，这就要求现有的风险监测网络不仅要监测到过去常见的、易发的风险，还需要监测到较小的、易被忽略但又对风险系统具有显著影响的风险，诸如舆情风险这类容易引发其他

[①] 参见钟开斌《应急管理十二讲》，人民出版社2020年版，第122—123页。

领域风险事件的风险类型，尤其需要重点关注和治理。二是风险监测网络的铺设要更密。风险监测网络是获取风险信息的重要渠道，是收集风险数据的主要来源，只有风险监测网络能够获取更多更为有效的数据，才能够进行有效的信息研判、预警和决策工作。尤其是面临当前复杂多变的社会系统和环境系统，它们交互所产生的风险是具有相互反应和相互联系的，如果只"知其一而不知其二"，只看到了某个风险，而看不到和它相关的其他风险类型，就无法准确地估量风险叠加后的复杂性，从而无法作出准确的研判和决策。同时，密集的风险监测网络可以帮助获取更多的风险数据，以实现数据与数据间的有效验证，辅助形成更为科学的决策。三是要形成多级跨域的风险监测网络。在纵向层级上，我国已经具有了国家、省、市、县等多个层级的风险监测网络，然而，在横向跨域的风险监测网络构建上还需进一步完善。与过去单一风险显著不同的是，当前我们更多情况下面临的是综合风险，所面临的灾害也是复合型灾害，这些风险来源于不同的领域，例如气象风险与社会风险、社会风险与经济风险、社会风险与公共卫生风险等风险间经常具有快速的连锁反应。综合风险治理需要不同部门的通力合作和协同支持。为提高综合风险的防范能力，需要在风险监测阶段就形成跨域风险监测网络和模式，风险监测网络要打破过去风险监测各领域间弱连接关系的状态，形成具有松耦合和强连接关系的多级跨域风险监测网络，整合社会域、信息域、物理域等多个领域的风险信息监测，以快速跟踪风险在不同领域可能引发的动态反应，并及时作出预判和防控措施。

二、采用多渠道并进的风险预警方式，提高预警发布能力

预警发布的目的是提醒相关部门快速采取相应的响应措施，同时提醒社会公众做好风险防范和响应。随着信息化技术的快速发展和普及，信息在当前社会呈现出爆发式扩散、流量化运营、高频率更新的特点，国家也不断适应新环境的变化，开拓自媒体平台官方信息发布渠道。但是，互联网不仅带来了快速的信息扩散，也打破了信息传播时间和空间上的壁垒。线上网络的信息扩散是不存在区域划分的，同时也影响着线下传播网络逐渐脱离了区域界限，这就会导致预警信息发布后社会公众间更容易产生噪声和杂音，干扰预警的传播和响应。并且由于用户流量特征和自媒体平台的存在，信息流朝着哪个方向扩散、可持续时间多久等，逐渐呈现出较高的复杂性特征。因此，现代化应急管理中预警信息不仅要发布出去，还要能够传播

出去，达到预期的预警效果，这就要求预警的发布和传播符合大环境下的信息传播规律。一要运用信息传播规律快速扩散预警，多管齐下发布预警信息。公众的信息传播过程虽然复杂但具有一些较为典型的规律性特征，我们可以运用这些规律有针对性地影响一些处于信息传播网络中的人或平台，实现对预警的快速扩散和对舆情的有效引导。同时运用广播、电视、微信、公众号、喇叭等传统的预警信息发布方式，多管齐下，高效发布和传播预警。二要结构化预警内容，减少预警扩散中的"沟通漏斗"。为保障预警传播效能，需要减少预警传播过程中存在的"沟通漏斗"现象，除不断反复地发布和传播相关信息外，结构化和精简预警内容也是一个很重要的方法。对预警内容的结构化可以在两个阶段进行：一是在预警发布时对预警内容的结构化，信息的结构化能够帮助传播者记忆信息内容，减少漏项；二是在大量预警信息发布后，对官方信息的系统梳理和结构化。这两个阶段的信息结构化都能够帮助社会公众及时获取预警的重要信息。三要结合监测网络形成反馈机制，确保预警响应的有效落实。预警发布与响应是必须相互关联的，仅发布不响应是没有意义的。预警发布后不仅相关部门要积极地响应，必要情境下社会公众也需要作出响应，例如疏散、公共卫生防控等。因此预警发布后，要及时监测社会动向，获取预警发布和传播后的反馈情况，并及时作出调整，避免错失先机。

三、完善信息共享机制，提高多主体间的信息共享能力

风险监测预警体系的完善需要有效的信息共享机制作支撑。风险信息通过风险监测网络获取，再通过有效的信息共享机制快速进行信息共享和科学研判，最后通过预警发布平台等渠道发布和传播预警信息并作出预警响应，同时，风险监测网络也时刻监测着风险管理和响应状态，及时获取风险信息后再次进行信息共享、研判、预警和响应，这是针对风险管理过程的动态监测预警循环，信息共享机制在其中发挥了重要的作用。一是完善信息共享机制，要打破各部门各平台间的数据共享屏障。由于行政部门不同、管理权限不同等原因，不同部门间无法畅通地实现信息共享，这加大了增强部门协同性和应对综合性风险的难度。各部门间应该依据现有的信息技术手段或制定更为规范合理的管理制度，打破各部门各平台之间的数据共享屏障，实现多源数据集成分析、综合研判，这有利于决策者从更系统、更宏观的角度开展风险分析和风险评估。二是完善信息共享机制，要构建网络化信息共享渠道。网

络的连通性越强,信息沟通水平就越高。各部门机构可以在各层级上构建网络化信息共享渠道,并在常态化风险管理阶段不断完善信息共享网络。其中,基层面临的风险监测、预警、响应问题最多,解决需求更为紧迫,而且环境更为复杂,因此,基层各部门机构、社会组织、志愿者队伍之间更应该构建网络化的信息共享网络,实现信息快速共享、综合研判和科学决策。三是信息共享要具有统一的结构化表达形式,方便各部门快速进行数据集成和分析。数据监测、数据集成后,需要对风险数据进行清洗和结构化表达。为了便于各部门进行快速的信息共享,需要各部门形成统一的共享信息结构。

第二十个问题

如何健全生物安全监管预警防控体系？

生物安全关乎人民生命安全和身体健康，关乎国家长治久安，关乎中华民族永续发展，是国家总体安全的重要组成部分。随着经济的快速发展，城市规模不断变大，社会系统与生态系统重叠交织部分越来越多，同时基因技术等新兴技术的发展也导致传统生物安全风险与新型生物安全风险相互叠加。生物安全管理与生态文明建设成为国际社会需要共同面对的难题和挑战。党中央高度重视生物安全工作，党的十八大以来，以习近平同志为核心的党中央把生物安全建设纳入国家安全战略布局，颁布实施了生物安全法，出台了国家生物安全政策和国家生物安全战略，我国的生物安全防范意识和防范能力不断增强。但是，我国的生物安全风险防控和治理体系仍旧存在短板，健全国家生物安全监管预警防控体系，筑牢国家生物安全屏障，需要付出更多的努力。

一、强化多级跨域的系统治理思路

随着全球化水平的升高，生物安全管理不仅包含国内生物安全，还包括国际生物安全，控制外来入侵物种成为维护国内生物安全的重要内容。2005年，我国成为《卡塔赫纳生物安全议定书》缔约方。该议定书中明确规定："各国必须保护人类健康与环境免受现代生物技术产品对其可能造成的有害影响。"广义上的生物安全应指一国指出、根除以及有效管理的有害生物和疾病给经济、环境和人类健康带来的各种风险。[①] 由此可见，生物安全治理不仅在地域上跨境内和境外，在治理领域上还包含了有害生物管理、疾病管理等领域，并与经济、环境、健康等其他管理领域相互交织，形成了生物安全治理的大系统，其中包含了生态环境的自然规律、不同政策的实施、多相关利益主体的博弈和影响，足以见其治理的复杂性。复杂性系统治理的有效手段在于秉持系统思维，运用好系统发展的内在规律，寻找系统发展中的杠杆点，发挥政策实施和干

---

① 参见王聪、张燕平、邵思、张祥林、张伟、李志红、潘绪斌《国境生物安全体系探讨》，《植物检疫》2015年第29期。

预的积极作用，而非盲目施策。正如《孟子》中所说，"君子有所为有所不为"，认清生物安全治理系统的内在联系和规律，实时开展态势研判和分析，再进行合理的干预和引导，才是科学的治理方法。此外，从治理层级上，生物安全治理呈现出自上而下的治理和自下而上的预防模式，各层级相关部门都应具备生物安全治理的系统思维，纵向衔接，横向统筹，完善布局，科学施策，推进不同层级的快速应急响应机制及应急物资和能力储备的提升，并坚持预防为主，将重心放在基层能力建设上，提升基层生物安全治理水平和风险防控能力，做到危机生物早发现、早治理，避免生物安全风险的进一步扩大。同时，为提高生物安全治理体系的建构韧性，应在不同的相关领域为生物安全风险防控部署相应措施和应对机制。犹如俗语所言，"不要把所有鸡蛋都放在同一个篮子里"，完善生物安全治理体系中生物安全风险防控措施的多样性，可以降低受到生物安全风险冲击时系统的脆弱性，增加生物安全风险防控通路，提高生物安全风险防控系统的稳健性。

二、构建监管预警防控全链条管理模式

国家生物安全治理包含了风险监测、预警、响应、防控等多个环节，不同层级的管理部分都需在横向和纵向上

构建"监测⇔预警⇔响应⇔防控⇔监测"的全链条监管模式，强化各环节的衔接力度，构建有效的管理循环。为更契合实际管理工作，这个循环中的各个环节是可顺向亦可逆向进行的，这就强调了全链条管理过程中承担不同职责的各部门之间需建立有效的沟通渠道，共同推进不同任务的并行实施。此外，需将重点放在风险监测和防控措施实施上。习近平总书记在党的二十大报告中明确指出，要坚持安全第一、预防为主，加强重点行业、重点领域安全监管。要重点加强基层监测站点建设，以及监测装备网络的科学建构，有效提升末端发现能力。因此，需尽可能地打破各部门各领域信息共享的壁垒，完善信息共享渠道，推进国家生物安全数据共享平台建设，配套创建国家生物安全多样性风险评估指标体系，刻画国家生物安全风险连锁反应拓扑图，提高对监测风险的识别能力，及时有效地消除国家生物安全风险。要同步推进预警、响应能力建设。在预警水平上，需清晰地认识到公共卫生事件与其他突发事件的不同之处在于灾害面更广、社会参与度更高。当前社会环境下，在预警时需同时考虑对公民的科普和对恐慌情绪的消除，推行预警信息发布与舆情引导并行实施的模式，避免民众因恐慌或情绪焦虑引发其他类型的突发事件。同时，预警信息的发布需持续且不断进行更新，避免民众由于信息匮乏发生对防控措施的抵制和反感行为。在响应环节中，应均衡考虑经济发展、社会安全、交通运输、物资储备、医疗救护等多个领域任务的实施，例如，尽量减少高峰确诊人数对医疗资源的挤压、对物资的快速消耗，尽可能地保障各领域任务的有序实施，逐渐提高民众对生物安全风险的耐受力度，在提高民众安全防护意识的同时，强化他们在生物安全风险冲击下的适应性。

三、紧盯生物安全重点风险领域

生物安全风险具有类型多、危害程度大、波及面较广、风险源头识别难度大等特点，除了要做到全面风险监测外，还需将更多精力放在生物安全重点领域风险防控上，把好可能产生生物安全风险的各个关口，树牢底线思维和风险意识。例如，要加强防范滥食野生动物引发的原生性风险。习近平总书记强调指出："要加强法律实施，加强市场监管，坚决取缔和严厉打击非法野生动物市场和贸易，坚决革除滥食野生动物的陋习，从源头上控制重大公共卫生风险。"[①] 同时要深度挖掘生物科技发展可能

[①] 习近平：《在中央政治局常委会会议研究应对新型冠状病毒肺炎疫情工作时的讲话》，《求是》2020年第4期。

引发的潜在风险，严格生物技术研发应用监管。生物科技的发展虽然可以帮助人类治理风险、维护社会安全，但是对未知事物的探索尤其需要严谨的科学态度和对生态系统规律的充分认识，避免因缺乏认知导致生态系统的破坏，引发更为严重的风险事件和连锁反应。例如，新谷歌公司的子公司酝酿向美国加雷斯诺地区释放大约2000万只基因改造的蚊子以帮助消除塞卡病毒对人类的感染。[①] 但对生物多样性的干预是否会对生态系统中的种群动态稳定性造成不可预测的影响，目前尚未可知。此外，要加强入境检疫，严格防范生物入侵，降低输入性风险。对于国内而言，境外生物入侵是需要重点防范的领域之一，在完善入境检疫制度、不断丰富生物资源数据库的同时，要适时向社会公布生物入境检疫现状，在提高国民生物安全风险意识的同时，还可形成有效的社会监督。

四、完善生物安全治理保障体系

国家生物安全治理涉猎领域广，需要不同层级不同领域的部门形成良好的协作机制，共同防范化解重大生物安全风险，治理突发公共卫生事件。因此，需要在职责划

[①] 参见孙经国、纪泽苑《全面提高应对生物安全风险能力》，《前线》2020年第5期。

分、协作机制上强化法律保障,同时法律制度也能够促进公民生物安全风险意识的提高,并对防范措施的实施提供约束。应加大生物安全科研力度,强化疫苗研发队伍和实验环境的建设。当面临未知风险时,往往会显著加大突发公共卫生事件防范和应对措施的实施难度,因此疫苗研发的时间窗口通常较短,这需要研发人员以在常态化防控时打下的坚实基础作铺垫。此外,无论是生物安全的风险防控,还是生物安全风险的治理和应对,都需要广大人民群众的积极参与和配合,这是防范化解重大生物安全风险的重要保障条件之一。因此,鼓励社会参与是完善国家生物安全监管预警防控体系的重要内容,需要从生物安全风险意识提高、风险防范措施宣教、团结意识凝聚、舆情引导等多个方面入手,积极引导并鼓励社会参与国家生物安全风险的防范和治理,提高国民应对生物安全风险的能力。

第二十一个问题

如何完善社会治理体系？

完善社会治理体系，是党的二十大报告专章规划的"推进国家安全体系和能力建设，坚决维护国家安全和社会稳定"中的重要内容，强调"健全共建共治共享的社会治理制度，提升社会治理效能"。

从制度建设的角度来看，社会治理制度是我国在社会领域建立起的"基础性制度体系"，属于中国特色社会主义制度中的"重要制度"范畴。其成熟和定型，历经"加强社会建设和管理""推进社会管理体制创新""完善社会管理"等实践探索和理论界定，直至党的十八届三中全会提出"创新社会治理"，党的十九届四中全会通过《关于坚持和完善中国特色社会主义制度 推进国家治理体系和治理能力现代化若干重大问题的决定》，将其概括为"共建共治共享的社会治理制度"①。这明确了我们在"五位一体"的社会建设领域,应该"坚持和巩固什么,发展和完善什么"。

发展和完善社会治理制度,是当前和今后较长一段时期我们全面建成社会主义现代化强国的重要内容,是两步走战略安排中从2020年到2035年发展的总体目标之一——"社会保持长期稳定"的重要制度路径,是秉持一种既不理想化、急于求成,也不盲目自满、故步自封的态度,②是在与时俱进回应社会变迁与实践需求的过程中,不断增强制度优势、将其转化为治理效能,不断运用制度威力、应对风险挑战冲击的过程。

一、完善社会治理体系,在工作理念上要抓住一个"共"字

一是主体之"共"。党委、政府、群团、社会组织、公众都是社会治理的主体,它们各自的定位和作用不同。在具体实践中,要推动党委领导、政府负责、群团助推、

---

① 习近平:《关于〈中共中央关于坚持完善中国特色社会主义制度 推进国家治理体系和治理能力现代化若干重大问题的决定〉的说明》,《人民日报》2019年11月6日。

② 参见习近平《坚持和完善中国特色社会主义制度 推进国家治理体系和治理能力现代化》,《求是》2020年1月。

社会协同和公众参与这五方面的力量,形成恰当的运行关系和良性的治理结构,围绕公共需求和公共服务问题,实现家园共建、问题共治、成果共享。

二是机制之"共"。面对复杂问题,可以采用市场机制、行政机制、社会机制来共同解决问题,可以采取法治、德治、自治的方式来共同处理矛盾和纠纷。既可以多种机制和多种方式同时运用,也可以以某种方式为主、其他方式为辅的方式来解决。

三是责任之"共"。构建人人有责、人人尽责、人人享有的社会治理共同体。这一点,几乎无须论证,尤其是在新冠疫情防控工作中,社区邻里都更加深刻地认识到,自己既是自我健康的第一责任人,也是他人健康环境的维护者,彼此之间在防范疫情传播、维护生命健康安全上建立了深度链接,有主体间难以避免的相互交织和相互托付的责任。

四是精神之"共"。社会治理共同体,并不只是一个包含主体、结构、功能与机制等要素在内的"形式实体",在相当程度上,它应是一个"精神实体"存在,需要"精神共同体"的支撑。因此,社会治理共同体的深层问题是能否形成一个真正的精神共同体。而精神共同体的建设,既需要在实践中通过社会治理共同体的建设与运行来实现，让其"自发生长"出来，也需要通过思想引导来实现，让其"自觉生长"出来。

二、完善社会治理体系，在主要任务上要抓紧"两大板块"工作

一是健全城乡社区治理体系，及时把矛盾纠纷化解在基层、化解在萌芽状态。社区是社会成员生活的公共空间，大量的服务需求、利益冲突、秩序维护在其中产生和集聚，既是社区服务的前哨，也是社会治理的末端。可以说，社区服务和管理能力增强了，社会治理的基础就夯实了。这里的重点是，在社会基层坚持和发展新时代"枫桥经验"，将其理论内涵——"矛盾不上交、平安不出事、服务不缺位"，转变为实践过程和实践结果，真正把问题解决在基层、解决在萌芽状态，做到不出事、少出事、别出大事，特别是不能出惊天动地的事。[①]一方面，要从"稳定抓机制"入手，在完善制度、注重长效上下功夫。这包括完善正确处理新形势下人民内部矛盾机制，加强和改进人民信访工作，畅通和规范群众诉求表达、利益协调、权益保障通道。另一方面，要从"保障抓基础"着力，坚持

---

① 参见习近平《干在实处走在前列——推进浙江新发展的思考与实践》，中共中央党校出版社2006年版，第274页。

重心下移、力量下沉、资源下投，完善网络化管理、精细化服务、信息化支撑的基层治理平台，确保基层全面提高社会治理的能力与水平。

二是加快推进市域社会治理现代化，提高市域社会治理能力。市域是社会治理宏观和微观的转承点。从工作任务来看，各类问题矛盾多样多发，尤其是在世界百年未有之大变局加速演进与世纪疫情影响交织叠加的背景下，市域社会治理面临的风险挑战复杂性增强，这要求巩固一市一地的安全基础，确保该市域一旦发生重大风险必须成为终结地，而不能蔓延扩散外溢。从工作资源来看，市域社会治理的条件比县域城乡更好，资源统筹余地更大，治理手段也更多。为此，各地在构建市域社会治理体制上，应充分利用优势条件进一步创新实践，要完善组织架构和组织方式，强化能力建设，最大限度地实现资源整合、力量融合、功能聚合和手段综合，提高防控化解重大风险的前瞻性、敏捷性、协同性和实效性。要通过加快推进市域社会治理现代化的建设，让市域成为撬动国家治理的战略支点、重大风险的终结地、治理方式现代化的集成体。①

---

① 参见《党的二十大报告辅导读本》，人民出版社2022年版，第490页。

三、完善社会治理体系，在总体要求上要实现"三个确保"

一是确保政治安全。政治安全是民族复兴的根基。要建立健全政治安全风险研判、防控协同、防范化解机制，严密防范各类渗透、破坏、颠覆、分裂、暴恐等活动发生，有效清除境内影响政治安全的土壤，深化"去极端化"工作，严防发生暴恐袭击事件。

二是确保社会安定。社会稳定是国家强盛的前提。要在发展中解决涉稳"存量"问题，有效化解涉大规模人群风险；要在防范中避免或控制涉稳"增量"问题，完善社会稳定风险评估制度，降低群体性事件发生率；同时，要能想到涉稳"变量"问题，有效防止社会风险演变为政治风险、区域风险演变为全局风险、境外风险演变为境内风险。

三是确保人民安宁。公共安全是最基本的民生。在工作着力点上，要抓实社会治安整体防控工作，依法严惩群众反映强烈的各类违法犯罪活动。一方面，要有效遏制新型网络犯罪高发态势；另一方面，要进一步铲除黑恶势力滋生的土壤，实现社会治安状况的不断改善。与此同时，要实现公共安全事故逐年下降，生产安全事故死亡人数、重特大生产安全事故起数、亿元国内生产总值生产安全事故死亡率逐年下降。

完善社会治理体系。无论怎么在工作理念、工作任务和工作要求上强调重点和抓手，都只是从党委、政府方面去考虑怎么做，这十分重要，但并不全面。事实上，要做好这项工作，还需要充分发挥社会的力量，尤其是要发展壮大群防群治力量，营造见义勇为社会氛围，建设人人有责、人人尽责、人人享有的社会治理共同体。这其中的关键是人。人是主体，是建设者，而不是旁观者；同时，人又是客体，是享有者，而不是利益无关方。在社会治理共同体中，人是主体与客体的统一，是治理的着眼点和落脚点，要着眼于社会主体的主人翁意识、责任意识，是不是充分调动了各方的积极性；要落脚于治理是不是维护了最广大人民的公共利益，是不是推动了人的生存、生产和生活不断地由低级阶段迈向高级阶段，服务于人的自由而全面发展。

第二十二个问题

如何健全网络综合治理体系？

党的二十大报告指出，"互联网上网人数达十亿三千万人"，这是一个关于用户量的描述，体现出巨大的规模性。而就如此规模用户的网络行为而言，其所展现的诸如求知、经营、消费、交流、监督、公关、维权等诸方面，都表明网络已经无所不包、无处不在、无时不有地融入人们的生产生活。这看似是一个"虚拟空间"，背后却有"现实主体"存在。这意味着，在看待网络现象时，必须看到现象背后的主体，而主体间的互动关系、矛盾冲突、谣言传播、舆情操纵、秩序维护、公害问题等，必然成为网络治理的议题。要让网络成为惠及亿万网民对政治、经济、社会、文化等各方面需求的"公共空间"，需要健全网络综合治理体系，推动形成良好网络生态。

一、建立网络综合治理体系，实现从无到有的历史性变革

新时代十年的伟大变革之一，是我们"从事关党的前途命运、事关国家长治久安、事关民族凝聚力和向心力"的战略高度，确立和坚持马克思主义在意识形态领域指导地位的根本制度，推动意识形态领域形势发生全局性、根本性转变。对于互联网，习近平总书记反复强调，"没有网络安全就没有国家安全"①，"互联网日益成为意识形态斗争的主阵地、主战场、最前沿"，"过不了互联网这一关，就过不了长期执政这一关"②。为此，加强党中央对网信工作的集中统一领导，管好用好互联网，确保网络空间始终沿着正确的方向造福人民，成为新时代建设具有强大凝聚力和引领力的社会主义意识形态的基础性工程。

基础性工程必须夯实"基础"，这主要包括五方面的内容。一是在领导体制上，成立中央网络安全和信息化领导小组（后改为"中央网络安全和信息化委员会"），强化网络安全与信息化领域顶层设计、总体布局、统筹协调、整

---

① 《习近平关于防范风险挑战、应对突发事件论述摘编》，中央文献出版社2020年版，第46页。
② 习近平：《论坚持党对一切工作的领导》，中央文献出版社2019年版，第129页。

体推进和督促落实。二是在工作架构上，基本建立中央、省、市三级网信工作体系，扎实推进县级网信机构建设。三是在战略部署上，制定出台《关于加强网络安全和信息化工作的意见》《关于加快建立网络综合治理体系的意见》《国家网络空间安全战略》《国家信息化发展战略纲要》和"十四五"相关规划等文件，推动各领域、多层级的协调机制进一步完善。四是在压实政治责任上，制定实施《党委（党组）网络意识形态工作责任制实施细则》《党委（党组）网络安全工作责任制实施办法》，把党管互联网落到实处。五是在政策法规上，制定并实施《中华人民共和国网络安全法》《中华人民共和国数据安全法》《中华人民共和国个人信息保护法》《关键信息基础设施安全保护条例》等法律法规，出台《网络安全审查办法》《云计算服务安全评估办法》等政策文件，截至 2022 年 9 月，共发布 340 余项网络安全国家标准，基本构建起网络安全政策法规体系的"四梁八柱"。这些为网络治理工作搭建了基本的框架结构和运行规则，实现了网络治理"从无到有"的历史性变革。

二、健全网络综合治理体系，推动形成良好网络生态

任何治理都是伴随着问题展开的。网络空间的问题多

种多样，老问题不易根除，新问题层出不穷；技术发展与市场逐利共舞、引导认知与刺激情绪共存；谣言、网暴、欺诈、隐私泄露、算法推荐、深度伪造、"逐利式"流量造假、"意图式"信息操纵、"引战式"逆主流议题生发、"病毒式"情绪贩卖……对正常的网络舆论环境造成不良影响，对人人应当享有的清朗网络空间造成严重破坏。这要求我们"本着对社会负责、对人民负责的态度"，以健全和运用网络综合治理体系为抓手，全面提高网络综合治理能力，着力解决群众的急难愁盼问题，为亿万网民构建清朗良好的网络空间。

网络治理是信息化时代国家治理的新内容新领域，既与现实社会治理深度融合、高度关联，又有其自身特点和规律，照搬传统管理模式不行，依靠单一管理手段也不行，需要发挥各方作用、运用多种手段，提升全方位、多维度的综合治网能力。为此，必须站在推进国家治理体系和治理能力现代化的高度，将党的十八大以来党管网治网的实践与经验转化为更加完善、更加定型的制度安排，提高网络治理的系统化、科学化、社会化、法治化水平。①

在治理主体上，要形成多方主体参与的有效合力。一

---

① 参见盛荣华《加快建立网络综合治理体系、全面提升治网管网水平》，《中国网信》2022年第3期。

是加强党对网络综合治理的全面领导，压紧压实各级党委（党组）政治责任、领导责任。加强互联网企业党建和网络社会组织党建工作，持续提升两个覆盖率。二是提高政府对网络综合治理的一体化监管能力。发挥网信部门统筹协调作用，完善与治网管网各部门的协调机制，增强联动能力。三是压实网络企业的主体责任。针对重点领域、重点环节，明确企业主体的责任边界，压实企业对信息内容的管理责任。比如，切实加强网站总编辑对内容安全的责任，实行公众账号分级分类管理；加强对互联网信息服务从业人员的上岗培训和准入管理。同时，防止平台垄断和资本无序扩张。四是发挥行业组织引导督促作用。强化互联网行业自律，加强网络诚信制度化建设。五是引导网民形成自觉自律的文明用网行为。培育提升青少年网络素养，走好网上群众路线，形成共建共治共享的良好局面。

在治理手段上，要善用组合拳，强化综合施治。一是提升技术治网水平。"网络安全的本质在对抗，对抗的本质在攻防两端能力较量。"[①] 大刀长毛不能有效回击飞机大炮。魔高一尺，必须道高一丈。要以技术对技术、以技术制技术，加强对算法推荐、短视频、网络直播、社交网

---

① 《习近平关于防范风险挑战、应对突发事件论述摘编》，中央文献出版社2020年版，第73页。

络等领域管理技术的研发力度。一方面推动技术创新，另一方面强化对新技术新应用的安全评估，加强网络安全审查，切实防范化解各类网上风险，维护网络意识形态安全和政治安全。二是加快网络空间法治化进程。完善网络法律法规，推动修订《中华人民共和国网络安全法》等基础性法律，加快制定修订《未成年人网络保护条例》《网络数据安全管理条例》《互联网信息服务管理办法》等行政法规，健全《中华人民共和国数据安全法》《中华人民共和国个人信息保护法》等配套制度。推进跨领域跨部门联合执法，完善网络执法协调工作机制，加大基层网络执法队伍建设力度，严厉打击网络违法违规行为。同时，要持续拓展网络普法的广度和深度。三是以经济手段调控网络利益。当前，我国互联网市场存在一些恶性竞争、滥用市场支配地位等情况。在这方面，要规范市场秩序，鼓励良性竞争。推动互联网企业履行社会责任，坚持经济效益与社会效益并重，最大化消除办网站一味追求点击率、开网店卖假冒伪劣产品、做社交平台成为谣言扩散器、做搜索以付费多少作为提位标准等现象。

在治理方式上，要管用防并举，塑造系统化治理优势。一是加强互联网内容管理。坚持"管得住"是硬道理。强化专项整治，集中整治网络暴力、网络谣言、算法滥用、网络直播和短视频乱象等突出问题,深化网络生态治理。二是壮大主流思想舆论,坚持"用得好是真本事"。精心做好战略传播,将理论宣传、主题宣传、"四史"教育、社会主义核心价值观传播等,体现在全平台、全渠道、全形式和全过程。强化显政、敢于激浊、善于扬清,推动创作网络文化精品,增强网上互动引导,实现强信心、聚民心、暖人心、筑同心的网络思想舆论引导效果。三是高度重视网络舆论斗争。依法管控有害信息、不良信息和违法信息,消除生成网上舆论风暴的各种隐患,防止给错误思想观点传播提供渠道,守牢网络意识形态安全防线。